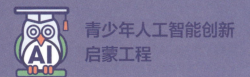

青少年人工智能创新启蒙工程

算法大挑战
进阶探秘

方海光 郑志宏 | 总主编
白博林 姜麟 裴少霞 | 主编

人民邮电出版社
北京

图书在版编目（CIP）数据

算法大挑战：进阶探秘 / 方海光，郑志宏总主编；白博林，姜麟，裴少霞主编. -- 北京：人民邮电出版社，2025. -- ISBN 978-7-115-65975-0

I．G624.583

中国国家版本馆CIP数据核字第20243F947L号

内 容 提 要

《算法大挑战：进阶探秘》是一本针对小学高年级学生设计的算法进阶科普图书，旨在通过图形化的方式，引导学生理解并掌握算法的思想和技巧。本书内容翔实、生动有趣，通过一系列实践活动和案例分析，帮助学生巩固算法基础知识，提升算法设计和应用能力。本书不仅注重知识的传递，更重视培养学生的逻辑思维、创新思维和跨学科思维，让他们在探索人工智能的旅程中不断成长和进步，为未来的学习和探索打下坚实的基础。本书适合小学高年级的学生阅读。

◆ 总 主 编 方海光 郑志宏
 　主　　编 白博林 姜　麟 裴少霞
 　责任编辑 王　芳
 　责任印制 马振武

◆ 人民邮电出版社出版发行 北京市丰台区成寿寺路11号
 　邮编 100164 电子邮件 315@ptpress.com.cn
 　网址 https://www.ptpress.com.cn
 　北京瑞禾彩色印刷有限公司印刷

◆ 开本：787×1092 1/16
 　印张：7 　2025年3月第1版
 　字数：78千字 2025年5月北京第2次印刷

定价：30.00元

读者服务热线：(010)53913866 印装质量热线：(010)81055316
反盗版热线：(010)81055315

专家委员会

安晓红	边 琦	蔡 春	蔡 可	柴明一	陈 梅	陈 鹏	
杜 斌	傅树京	郭君红	郝智新	黄荣怀	金 文	康 铭	
李 锋	李怀忠	李会然	李 磊	李 猛	刘建琦	马 涛	
陕昌群	石群雄	苏 宁	田 露	万海鹏	王海燕	武佩峰	
武瑞军	武 装	薛海平	薛瑞玲	张 蓓	张 鸽	张景中	
张 莉	张 爽	张 硕	周利江	朱永海			

编委会

白博林	鲍 彬	边秋文	卞 丽	曹福来	曹 宇	崔子千	
戴金芮	邓 洋	董传新	杜 斌	方海光	高桂林	高嘉轩	
高 洁	郭皓迪	郝佳欣	郝 君	洪 心	侯晓燕	胡 泓	
黄颖文惠	季茂生	姜 麟	姜志恒	焦玉明	金慧莉	康亚男	
孔新梅	李福祥	李 刚	李海东	李会然	李 炯	李 萌	
李 婷	李 伟	李泽宇	栗 秀	梁栋英	刘慧薇	刘 娜	
刘晓烨	刘学刚	刘振翠	卢康涵	吕均瑶	马 飞	马小勇	
满文琪	苗兰涛	聂星雪	裴少霞	彭绍航	彭玉兵	任 琳	
陕昌群	单楷罡	尚积平	师 科	石 磊	石群雄	舒丽丽	
唐 淼	陶 静	田 露	田迎春	涂海洋	万 晶	汪乐乐	
王彩琴	王丹丹	王 健	王 青	王秋晨	王显闯	王晓雷	
王馨笛	王雁雯	王 雨	魏嘉晖	魏鑫格	瓮子江	吴 昊	
吴 丽	吴 俣	武佩峰	武 欣	武 艺	相 卓	肖 明	
燕 梅	杨琳玲	杨青泉	杨玉婷	姚凯珩	叶宇翔	殷 玥	
于丽楠	袁加欣	曾月莹	张 东	张国立	张海涛	张 慧	
张京善	张 柯	张 莉	张明飞	张晓敏	张 旭	张 禹	
张智雄	张子红	赵 芳	赵 森	赵 山	赵 昕	赵 悦	
郑长宏	郑志宏	周建强	周金环	周 敏	周 颖	朱庆煊	
朱婷婷							

总 序

在当今信息技术迅猛发展的背景下，人工智能（AI）已成为推动社会进步的关键力量。向小学生普及人工智能相关知识，培养适应未来社会的创新人才，是新时代人工智能发展的必然要求。

本套书致力于开展人工智能普及教育，重点培养小学生的逻辑思维、批判性思维和问题解决能力，引导小学生掌握人工智能基本知识、认识人工智能在信息社会中的重要作用、运用人工智能技术解决生活与学习中的问题。通过本套书的学习，学生能够获得人工智能的基本知识、应用技能，在运用人工智能技术解决实际问题的过程中，成长为具有良好的信息意识、计算思维、创新能力及社会责任感的公民。

本套书提供的学习内容均来自真实的生活场景，以问题引入，以活动贯穿，运用生动活泼、贴近生活的案例进行概念阐述。同时，本套书还注重结合小学生的学习特点，避免了单纯的知识传授与理论灌输。本套书围绕学生在学校、家庭、社会中的所见所闻展开学习活动，采用体验式学习、项目式学习与探究性学习的形式，在阐述概念和理论的基础上，提升学生的学习兴趣，加强学生对人工智能的理解。

本套书共12册，内容由浅入深，从基础知识，到数据和算法，最后到物联网、开源鸿蒙和AI大模型，每册都有不同的主题。本套书要求学生亲自动手完成书中的学习活动，让学生感受人工智能技术给人们的生活带来的美好。

本套书得以完成，十分感谢来自北京、沈阳、成都等不同地区的学科专家和一线教师，他们具有丰富的教育教学经验，部分内容经过了多轮教学实践，从而保证了内容的实用性和科学性。特别感谢专家委员会的倾力指导，专家们对本套书的内容选择、展现形式、学习方式等都提出了很多宝贵的建议，极大提高了本套书的内容质量。

囿于作者能力，本套书难免存在不完善之处，敬请广大读者批评指正。

总主编 方海光

前　言

在当今这个科技日新月异的时代，人工智能如同璀璨的星辰，闪耀在我们生活的每一个角落，它正悄然改变着世界，也为我们开启了一扇通往无限可能的大门。而算法，就是人工智能世界里那一把把神奇的钥匙，能帮助我们解锁众多奇妙又实用的功能。为了同学们更好地踏入人工智能这个充满魅力的领域，去探索其中的奥秘，我们精心编撰了这本《算法大挑战：进阶探秘》。

编写这本书的过程，就像是一段充满热情与期待的奇妙旅程。我们深知同学们正处于对知识如饥似渴、思维愈发活跃的成长阶段，有着强烈的求知欲和探索精神。所以，我们一直怀揣着一个心愿，那就是要把那些看似高深的算法知识，转化成同学们易于理解、乐于接受的内容，让大家能轻松地在人工智能的知识海洋里遨游。

在这本书里，我们摒弃了枯燥乏味的讲解方式，而是采用了生动有趣、贴合生活实际的形式，来呈现算法知识。这里面既有充满趣味的小案例，又有简单易懂的示例，就如同一个个引人入胜的小故事，带着同学们一步一步认识算法、理解算法在人工智能中的重要作用。我们希望，通过这些内容，能让同学们真切地感受到算法并不是遥不可及的"天书"，而是可以成为同学们探索世界、解决生活中实际问题的好帮手。

同时，我们也注重培养同学们动手实践和思考的能力。书中穿插了不少互动性的小环节，鼓励同学们亲自动手去尝试运用算法，去思考不同算法带来的不同效果，让同学们在做中学、学中做，真正把算法知识内化为自己的本领。

我们衷心地希望，本书能成为同学们学习人工智能算法的良师益友，在同学们心中点燃对科技的热爱之火，激发同学们探索未知的勇气和创造力。或许，现在你只是刚刚踏入这个神奇领域的小小探索者，但在未来，也许你能凭借在这里学到的知识，成为推动人工智能发展、改变世界的重要力量呢！

愿同学们在阅读和学习这本《算法大挑战：进阶探秘》的过程中，收获满满的快乐和成长，开启一段精彩绝伦的人工智能探索之旅！

主编 白博林

目 录

第1单元
求解数学问题——枚举算法思想 10

第1课　生活探秘——初识枚举算法 12

第2课　数字游戏——实践枚举算法 18

第3课　鸡兔同笼——探究枚举算法 23

第4课　百钱百鸡——优化枚举算法 28

单元总结 35

第2单元
学会合理规划——提高求解算法的效率 36

第1课　算法也有快慢——理解算法复杂度 38

第2课　算法的优化——掌握基本优化技巧 42

第3课　算法的动态规划——学习高级优化算法 46

第4课　算法决定未来生活——实践应用与优化 51

单元总结 56

第3单元

垃圾分类小助手——执行问题求解算法 57

第1课　垃圾分类知多少——描述步骤 60
第2课　垃圾分类细分析——选择结构 65
第3课　提取特征会辨别——图像识别 70
第4课　实践操作——实现模拟分类 75

单元总结 80

第4单元

个性化推荐——在线算法的是与非 82

第1课　"透明"的生活——认识在线生活中的算法 84
第2课　高效的生活——体验在线生活中的算法 91
第3课　价值与局限——感受在线算法 97
第4课　人机的对话——实现在线生活中的算法 103

单元总结 110

第1单元
求解数学问题——枚举算法思想

单元情景

小智和小慧,如图1.1所示,偶然间发现了一本古老的书,书中说只有解开所有的数学谜题,才能找到开启智慧宝库的钥匙。这些数学谜题包括密码解锁、猜年龄问题及鸡兔同笼等经典问题。为了解开这些谜题,他们需要使用枚举算法的思想来探寻答案。此外,同学们还有机会通过学习与实践,掌握使用图形化编程工具来实现枚举算法解题的秘籍。

图1.1 小智和小慧

第1单元 求解数学问题——枚举算法思想

单元主题

枚举算法是通过列举问题所有可能的解来寻找最优解或满足特定条件的解的方法。枚举算法有什么特点？面对经典数学问题，请同学们思考可以怎样设计并优化枚举算法。

我的智能学习目标

1. 知道什么是枚举算法。
2. 能够使用枚举算法解决生活中简单的数学问题。
3. 能够使用编程工具，实现简单的枚举算法。
4. 能够使用枚举算法解决经典数学问题。
5. 了解算法优化的思想，知道枚举算法的优化策略。

我的智能学习工具

硬件准备：连接互联网的计算机。

软件准备：图形化编程工具、流程图在线绘制工具。

算法大挑战：进阶探秘

第1课　生活探秘——初识枚举算法

我的智能生活

本节课我们开始学习如何用枚举算法来解决问题。"枚举算法"在日常生活中发挥着重要作用，拼图游戏、购物决策、出行路线规划等场景都是其解决问题的有力证明，如图1.2所示。

图1.2　拼图游戏

我的智能活动计划

什么是枚举算法？生活中有哪些问题可以使用枚举算法来解决？同学们可以参考图1.3所示的智能活动计划来开展本节课的学习。

图1.3　智能活动计划

第1单元 求解数学问题——枚举算法思想

我的智能学习

"枚举算法"就像我们平时数数一样，一个一个地去找答案。比如，我们想要从一个列表里找出某样东西，我们就可以从头开始，一个一个地看，直到找到这样东西为止。例如，一个水果店有苹果、山杏和沙果3种水果，我们要找出所有可能的水果组合，可以按图1.4所示列举。

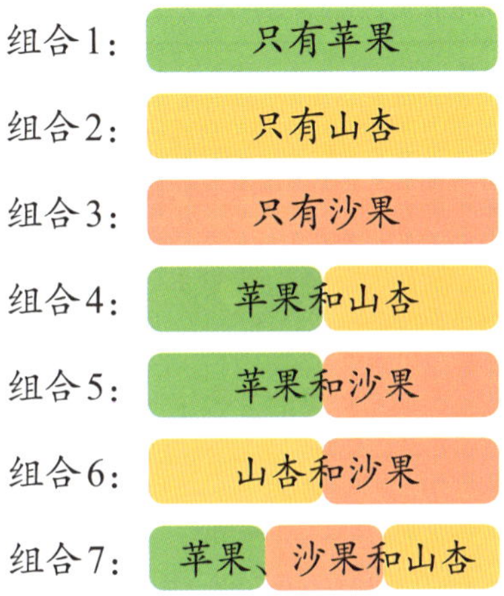

组合1：只有苹果
组合2：只有山杏
组合3：只有沙果
组合4：苹果和山杏
组合5：苹果和沙果
组合6：山杏和沙果
组合7：苹果、沙果和山杏

图1.4 枚举水果组合

结合图1.4，我们了解了枚举算法的基本思想，即把问题的所有可能答案一一列举出来，然后逐一考察，从而找到问题的解决方法或答案。

我的智能探索

一、探究枚举算法在生活中的应用

枚举算法在生活中的应用非常广泛，例如：

1. 医生诊断：当医生在诊断病人病情时，会根据病人的各种症状，通过列举、排除法逐一排查，最终确定可能病因和最适合的治疗

算法大挑战：进阶探秘

方案。

2. 交通出行：当我们选择出行路线时，经常会列出几条可供选择的路线，再根据路况、时间与天气等因素选择最优的路线。

3. 景点浏览顺序规划：在同学们旅行时，经常会提前列出最想游览的景点列表，然后根据实际情况选择最合适的景点游览顺序和路线。

探究表1.1所列场景是否应用了枚举算法。

表1.1　探究枚举算法在生活中的应用

应用场景	应用描述	是否应用了枚举算法
我的穿搭我做主——服饰搭配	选择日常上学穿着或特殊场合服装时，我们可能会先列出衣橱中所有上衣、裤子和配饰，通过尝试不同的服饰组合来找到最满意的服饰搭配	是（　）否（　） 预设答案：是 1. 列举：打开衣橱，将所有上衣、裤子列举出来 2. 组合：在镜子前一一搭配服饰，进行服饰组合，寻找合适的穿着 3. 评价：对于每一种服饰组合，根据个人审美、舒适度及当天场合进行评价 4. 决策：在所有尝试过的服饰组合中，选择最适合的穿着
我的房间我设计——家居布置	在布置我的房间时，我会考虑不同家具的摆放位置、颜色搭配和风格的选择，通过列举多种方案来进行最合理、舒适的房间设计	是（　）否（　） 预设答案：是 1. 列举：列举出所有可用的家具、装饰品和其他相关物品 2. 组合：通过想象、手绘或使用设计软件，尝试将家具、装饰品和其他相关物品放置在房间中的不同位置上，考虑不同的颜色搭配和风格组合 3. 评价：对于每一种布局和搭配，评价其功能性、美观度及是否符合个人喜好和需求 4. 决策：在所有方案中，选择最合理的布置方案

续表

应用场景	应用描述	是否应用了枚举算法
班级活动小达人——班会筹备	在筹备班会的过程中，同学们经常要设计班级活动方案，如设计活动主题、安排节目流程、分配任务给不同的同学等	是（　）否（　） 预设答案：否 在实际班会筹备的过程中，活动方案需要同学们的创意思维、经验判断及实时的沟通协调

二、枚举算法初体验

任务：小组合作解开一个由数字组成的密码锁，如图1.5所示。

图1.5　密码解锁挑战

规则：教师提供一个四位数的密码锁，每位数字的范围是0~9，同学们体验通过枚举所有可能的数字组合以找到正确的密码。

实践：小组内成员每人负责一部分数字的枚举工作，然后汇总结果，共同找到答案，体验枚举算法的应用效果并感受其的问题解决

算法大挑战：进阶探秘

能力。

发言建议：我们通过实践体验，对于实际应用枚举算法解决问题有哪些体会、发现？

我的智能成果

学习了枚举算法在生活中的应用，并进行了体验，请同学们将自己的收获以文字或图片的形式记录在表1.2中。

表1.2 我的收获

研究问题	我的收获
使用枚举算法在生活中解决问题有什么优势	
使用枚举算法在生活中解决问题可能存在什么劣势	

请同学们将本节课的学习活动表现评价记录在表1.3中。

表1.3 我的学习活动表现评价

评价内容	自我评价	组长评价
理解枚举算法的基本含义	☆☆☆☆☆	☆☆☆☆☆
在课堂活动中，能够跟上老师的讲解和同学们的讨论	☆☆☆☆☆	☆☆☆☆☆
能够独立使用枚举算法解决密码锁问题	☆☆☆☆☆	☆☆☆☆☆
尝试将所学知识应用到生活中解决更多的问题	☆☆☆☆☆	☆☆☆☆☆

第1单元 求解数学问题——枚举算法思想

我的智能视野

借助枚举算法的算法思维，尝试做一名小小的"家庭菜单规划师"，为你和家人设计一周（7天）菜单，要求每天菜品不重样，并且尽可能满足家人的口味和营养需求。请将表1.4补充完整。

表1.4 家庭菜单规划流程

阶段	实践内容	实践收获
调查阶段	询问家人各自喜欢和不喜欢的食物，并了解家里通常有哪些食材	
计划阶段	根据调查结果，列出一张可能的菜单列表，列表中包括早餐、午餐和晚餐的菜单。尽可能多样化，考虑到营养均衡	
枚举阶段	使用纸笔或计算机，尝试用枚举算法列出所有可能的一周菜单的菜品组合，确保无重复的菜品	
筛选阶段	从所有的菜品组合中，选择出最佳的一周菜单。可以设定一些标准，如营养均衡、食材易于获取、符合家庭成员口味等	
展示阶段	制作一份精美菜单，展示你为家庭设计的一周菜单，可以手工绘制，也可以用计算机软件制作	

算法大挑战：进阶探秘

第2课　数字游戏——实践枚举算法

我的智能生活

数字游戏是指和数字紧密相关的数学游戏，目标是根据数学问题情境，在某一个数字范围内，找到符合要求的数字。生活中，数字游戏的原理也被应用于密码学及网络安全等方面。使用枚举算法进行数字游戏时，需要对范围内的数字进行逐一验证来找到接近正确值的数字。枚举算法的优势是简单直观且算法的正确性容易被证明。

例如，猜年龄问题。即有甲、乙、丙、丁4个人，每个人的年龄都比前一个人大2岁（若不满一岁，按0岁计算），这4个人年龄相乘的积为13440，甲、乙、丙、丁各多少岁？

我的智能活动计划

怎样用枚举算法解决数学问题呢？同学们可以参考图1.6所示的智能活动计划来开展本节课的学习。

图1.6　智能活动计划

我的智能学习

使用枚举算法解决猜年龄问题，是通过将甲的年龄从0岁开始，依次枚举，直到符合题目要求，过程如表1.5所示（因为甲、乙、丙、丁的年龄乘积为偶数，所以在枚举时他们的年龄为偶数增长）。

表1.5　用枚举算法解决猜年龄问题的过程

甲的年龄	乙的年龄	丙的年龄	丁的年龄	4个人年龄相乘的积
0	2	4	6	0
2	4	6	8	384
4	6	8	10	1920
6	8	10	12	5760
8	10	12	14	13440

我的智能探索

用计算机编程实现用枚举算法解决猜年龄问题

1．用程序流程图描述用枚举算法解决猜年龄问题，如图1.7所示。

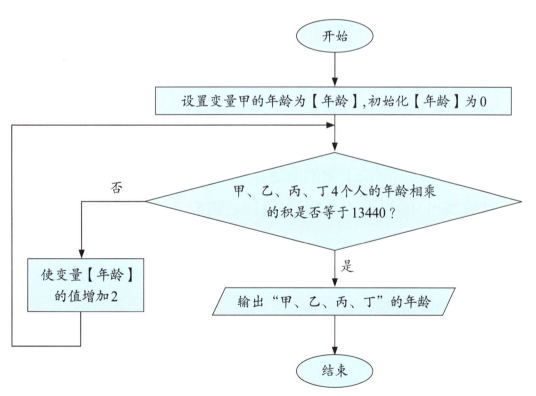

图1.7　猜年龄问题的枚举算法流程图

算法大挑战：进阶探秘

2. 编程实践——猜年龄问题

根据程序流程图，可以设置一个变量表示甲的年龄，其他3人的年龄用甲的年龄来表示，分别为乙=甲+2，丙=甲+4，丁=甲+6。

第1步：用对话框出示问题。

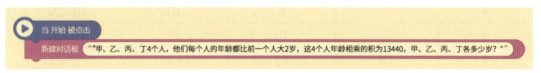

第2步：设置变量年龄，变量初始化的值为0。

第3步：判断甲、乙、丙、丁4个人年龄相乘的积是否为13440。

第4步：输出4个人的年龄。

拓展：

想一想该如何解决下面的问题呢？

试着找出500以下（含500）能同时被5、7、9这3个自然数整除的数。

用枚举算法解决此问题的思路就是将0~500的整数依次枚举，找出符合条件的数并输出。

根据图1.8所示的算法流程图，试着编写程序。

第1单元　求解数学问题——枚举算法思想

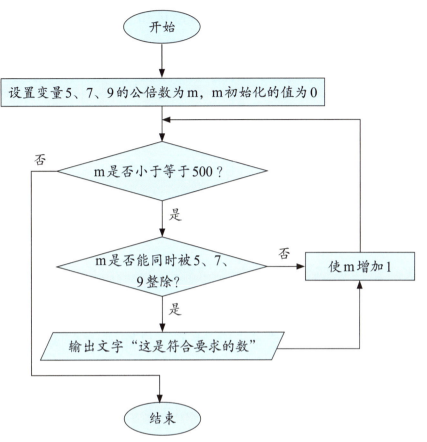

图1.8　解决公倍数问题的算法流程图

我的智能成果

学习了用枚举算法解决简单数学问题，并进行了编程实践，请同学们将自己的收获以文字或图片的形式记录在表1.6中。

表1.6　我的收获

研究问题	我的收获
使用枚举算法解决猜年龄问题时，怎样确定枚举范围	

算法大挑战：进阶探秘

请同学们将本节课的学习活动表现评价记录在表1.7中。

表1.7 我的学习活动表现评价

评价内容	自我评价	组长评价
掌握用枚举算法解决猜年龄及公倍数问题的思路及步骤	☆☆☆☆☆	☆☆☆☆☆
独立绘制本节课中的流程图	☆☆☆☆☆	☆☆☆☆☆
独立完成本节课中的编程实践	☆☆☆☆☆	☆☆☆☆☆

我的智能视野

任务：解决密码锁问题

一个旅行箱密码锁的密码是四位数，千位数是1，百位数是2，个位数是0，十位的数字完全记不清了，只知道这个四位数密码同时是7和9的倍数，这个旅行箱的密码是多少？

思路：十位的数字需要用枚举算法逐一验证，枚举范围是0~9，约束条件是这个四位数密码能同时被7和9整除。

| 1 | 2 | ? | 0 |

请同学们在下框中绘制解决该问题的算法流程图。

第1单元　求解数学问题——枚举算法思想

第3课　鸡兔同笼——探究枚举算法

我的智能生活

在小智和小慧的冒险中,他们遇到了一个经典数学谜题——鸡兔同笼,如图1.9所示。解决这个问题不仅考验同学们的逻辑思维能力,还激发了大家探索枚举算法的兴趣。同学们通过系统地尝试每种可能,就能够逐步接近谜题的答案。

图1.9　"鸡兔同笼"问题

我的智能活动计划

如何解开"鸡兔同笼"的谜题?同学们可以参考图1.10所示的智能活动计划来开展本节课的学习。

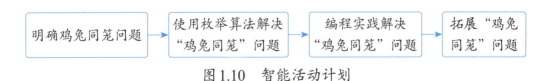

图1.10　智能活动计划

算法大挑战：进阶探秘

我的智能学习

问题：鸡和兔共30只，兔子的脚数比鸡的脚数多24，请问鸡和兔分别多少只？如何应用枚举算法解决"鸡兔同笼"问题？我们可以一个个尝试可能的答案，直到找到正确的那一个，下面是解决问题的步骤。

1. 开始枚举：我们从鸡的数量为1开始枚举，因为鸡和兔的总数为30，因此，兔的数量为29，再判断是否满足兔子的脚数比鸡的脚数多24。

2. 逐一尝试：逐渐增加鸡的数量，并计算出相应的兔的数量，然后计算鸡和兔的脚数是否满足条件。

3. 得出结论：通过不断尝试和排除，最终我们会找到符合所有条件的正确答案。

我的智能探索

一、算术寻踪：智慧解笼中谜

为了便于大家理解，我们一起玩一个游戏。

游戏材料：鸡、兔模型卡纸若干（确保足够分配给班内每组学生），模型卡纸如图1.11所示。

图1.11 鸡、兔模型卡纸

第1单元 求解数学问题——枚举算法思想

游戏规则

1. 游戏场景：每组同学将收到一定数量的鸡和兔的模型卡纸。各组同学尝试用不同数量的模型卡纸来模拟不同的鸡和兔的数量的组合，以符合给定条件。

2. 数据记录：各组讨论自己的枚举算法策略应用情况，一种一种情况去试，并记录下所有可能的情况。动手操作，利用鸡和兔的模型卡纸进行枚举尝试。每次变化组合时，记录下当前尝试的鸡和兔的数量，以及对应的脚的总数。在工作纸上记录每一次尝试的结果，包括鸡和兔的只数、脚数和是否符合条件。

3. 实践分享：请各组同学分享你们的发现，说明你们是如何找到正确答案的。发言建议：尝试发现并总结枚举算法的优势和局限性。

二、编程实践——解决"鸡兔同笼"问题

使用图形化编程实现解决"鸡兔同笼"问题的枚举算法。使鸡的数目从1开始枚举，兔的数目为30减去鸡的数目。

第1步：设置变量鸡数、兔数、执行次数。

第2步：条件为兔的脚数减去鸡的脚数等于24。

兔数 × 4 − 鸡数 × 2 = 24

第3步：重复执行直到脚数符合要求，并记录执行次数。

算法大挑战：进阶探秘

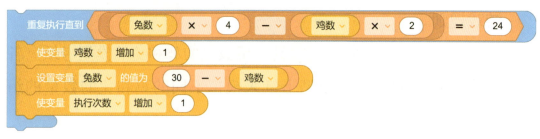

执行结果：

我的智能成果

学习了使用枚举算法解决"鸡兔同笼"这一数学问题，并进行了体验活动，请同学们将自己的收获以文字或图片的形式记录在表1.8中。

表1.8　我的收获

研究问题	我的收获
使用枚举算法解决"鸡兔同笼"问题有什么优势	
使用枚举算法解决"鸡兔同笼"问题可能存在什么劣势	

请同学们将本节课的学习活动表现评价记录在表1.9中。

表1.9　我的学习活动表现评价

评价内容	自我评价	组长评价
理解使用枚举算法解决"鸡兔同笼"问题的基本方法	☆☆☆☆☆	☆☆☆☆☆

第1单元 求解数学问题——枚举算法思想

续表

评价内容	自我评价	组长评价
在课堂活动中,能够跟上老师的讲解和同学们的讨论	☆☆☆☆☆	☆☆☆☆☆
能够独立使用枚举算法解决"鸡兔同笼"问题	☆☆☆☆☆	☆☆☆☆☆
尝试将所学应用到生活中解决更多的问题	☆☆☆☆☆	☆☆☆☆☆

我的智能视野

同学们,如果你细心观察则会发现在生活中类似"鸡兔同笼"问题的实例还有很多,尤其是涉及分类和总量计算的问题,请同学们将表1.10补充完整。

表1.10 在生活中类似"鸡兔同笼"问题的实例

研究领域	实践内容	实践收获
校外研究	在一个停车场内,共停了48辆汽车和三轮车,其中每辆汽车有4个轮子,每辆三轮车有3个轮子,这些车共有172个轮子,请问汽车和三轮车各多少辆?	
校内研究	同学们去图书馆借书,借故事书和科普书的同学一共有25人。借故事书的同学每人借3本,借科普书的同学每人借2本,总共借出了65本书。借故事书和科普书的同学各有多少人?	

算法大挑战：进阶探秘

第4课　百钱百鸡——优化枚举算法

我的智能生活

即使是使用同一个算法解决同一类型问题，也可以采取不同的策略，目标永远是尽力寻找解决问题的最优解法。中国古代数学家张丘建在他的《算经》中提出了一个经典问题——百钱买百鸡（"百钱百鸡"问题），即有100文钱，要买100只鸡，公鸡5文1只，母鸡3文1只，小鸡1文3只，怎样才能用100文钱买100只鸡呢？我们知道可以使用枚举算法来解决这类问题，但根据不同的题目，不同的数据规模，可以不断优化枚举策略。

我的智能活动计划

同学们可以参考图1.12所示的智能活动计划来开展本节课的学习。

图1.12　智能活动计划

我的智能学习

可以用枚举算法的思想来解决"百钱百鸡"问题。

100文钱可以买到公鸡20只，母鸡最多33只，小鸡最多300只，公鸡、母鸡、小鸡需要用三重循环的策略来枚举所有的情况。

"百钱百鸡"问题的算法流程图如图1.13所示。

第1单元 求解数学问题——枚举算法思想

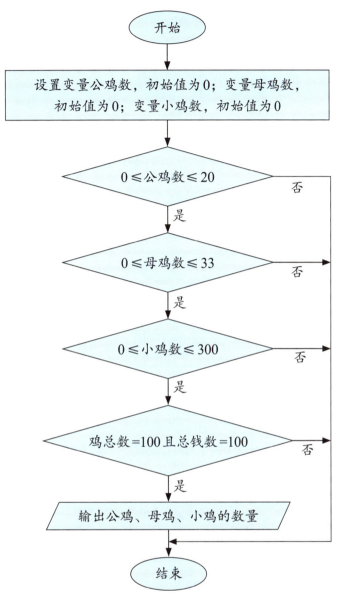

图1.13 "百钱百鸡"问题的算法流程图

程序实践

第1步：设置变量公鸡数，从0开始，依次枚举到20。

算法大挑战：进阶探秘

第2步：设置变量母鸡数，从0开始，依次枚举到33。

第3步：设置变量小鸡数，从0开始，依次枚举到300。

第1单元 求解数学问题——枚举算法思想

第4步：判断公鸡数、母鸡数、小鸡数的总和是否为100。

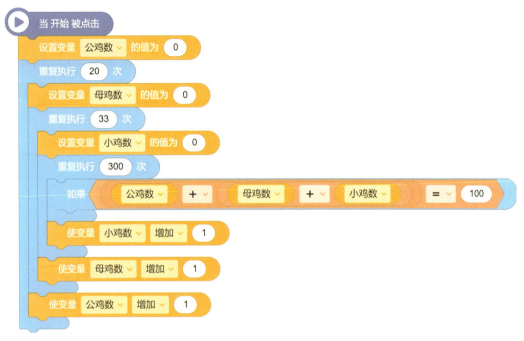

第5步：当公鸡数、母鸡数、小鸡数的总和为100时，判断总钱数是否为100文，用列表输出结果。

算法大挑战：进阶探秘

我的智能探索

使用三重循环的策略进行枚举，虽然程序比较直观，但算法的效率较低。我们可以通过缩小枚举范围来提高算法的效率。当公鸡数的枚举范围确定后，母鸡数和小鸡数的枚举范围就可以缩小，提升算法的效率。

第1步：公鸡数的枚举范围是0~20，母鸡数的枚举范围可以缩小到0~（33减去公鸡数的值）。

第2步：小鸡数的枚举范围可以缩小到0~（100减去公鸡数再减去母鸡数的值）。

第1单元　求解数学问题——枚举算法思想

第3步：判断鸡总数是否为100，当总数为100时，再判断总钱数是否为100文。

```
当 开始 被点击
一步执行
    设置变量 公鸡数 的值为 0
    重复执行 20 次
        设置变量 母鸡数 的值为 0
        重复执行直到 母鸡数 ≥ 33 - 公鸡数
            设置变量 小鸡数 的值为 0
            重复执行直到 小鸡数 ≥ 100 - 公鸡数 - 母鸡数
                如果 公鸡数 + 母鸡数 + 小鸡数 = 100
                    如果 公鸡数 × 5 + 母鸡数 × 3 + 小鸡数 ÷ 3 = 100
                        添加 公鸡数 到 公鸡 末尾
                        添加 母鸡数 到 母鸡 末尾
                        添加 小鸡数 到 小鸡 末尾
                使变量 小鸡数 增加 1
            使变量 母鸡数 增加 1
        使变量 公鸡数 增加 1
```

相比第一个算法，这个枚举算法的思路虽基本相同，但缩小枚举范围后的算法效率更高，减少了运算的时间和成本。

我的智能成果

学习了用枚举算法解决经典数学问题，并采用不同的枚举策略进行算法的优化。经过编程实践，请同学们将自己的收获以文字或图片的形式记录在表1.11中。

表1.11　我的收获

研究问题	我的收获
使用枚举算法解决问题时，怎样提高算法的效率、怎样缩小枚举范围	

请同学们将本节课的学习活动表现评价记录在表1.12中。

算法大挑战：进阶探秘

表1.12 我的学习活动表现评价

评价内容	自我评价	组长评价
知道用枚举算法解决经典数学问题的思路及步骤	☆☆☆☆☆	☆☆☆☆☆
能够通过缩小枚举范围来进行算法的优化	☆☆☆☆☆	☆☆☆☆☆
能够独立完成解决经典数学问题的编程实践	☆☆☆☆☆	☆☆☆☆☆

我的智能视野

任务：尝试使用枚举算法解决"百钱百鸡"问题的其他枚举策略。

思路：前文解决"百钱百鸡"问题采取了三重循环的枚举策略，由于公鸡、母鸡和小鸡的数量总和为100，即前两种鸡的数量确定了，第3种鸡的数量自然就可以计算出来，因此，三重循环是否可以改为两重循环？应该怎样通过编程实现呢？

编程实践：

用枚举算法解决问题的优点是简单直观，易于编写和调试程序。但它适用于问题规模较小的情况，或者作为一个解决复杂问题的局部方法，如果采用枚举算法解决一个规模较大的问题，则算法效率较低。在使用枚举算法解决问题时，需要选择适合的枚举策略。

第1单元 求解数学问题——枚举算法思想

单元总结

我做了什么

通过本单元的学习，我们认识了枚举算法，并通过分析生活中的实际案例，知道了如何使用枚举算法解决问题，掌握了用编程工具实现简单的枚举算法，并初步了解了优化枚举算法的策略。

我学会了什么

可以参考本单元的枚举算法思想及优化枚举算法的策略，解决更多生活中的实际问题，使解决问题的过程更高效。

我的收获

在分析问题和编程实践的过程中，我们的分析能力、合作能力及用编程工具解决问题的能力都有了很大的提升。

第2单元
学会合理规划——提高求解算法的效率

单元情景

在一个繁忙的医院里，医生每天接诊大量病人。为了提高医疗服务的质量和效率，医院采用了先进的信息化管理系统。然而，随着数据量的不断增长，系统的运算速度和准确性提升面临着巨大的挑战。因此，提高求解算法的效率成为了医院信息化建设的当务之急。

单元主题

1. 为什么需要提高求解算法的效率？
2. 如何针对具体问题选择合适的算法，并进行相应的优化。
3. 如何分析算法的时间复杂度和空间复杂度？

要研究上述问题，同学们可以参考图2.1所示的单元学习流程开展本单元的学习活动。

图2.1 单元学习流程

我的智能学习目标

1. 掌握求解算法的基本原理和分类，以及常见的算法优化策略和技术。
2. 深入理解算法的时间复杂度和空间复杂度，以便在实际应用中进行合理的选择和优化。

3. 学习如何针对具体问题进行算法优化。

4. 积累更多的算法优化经验，提高解决实际智能场景问题的能力。

我的智能学习工具

硬件准备：连接互联网的计算机。

软件准备：图形化编程软件。

算法大挑战：进阶探秘

第1课　算法也有快慢——理解算法复杂度

我的智能生活

想象一下，如果有一个算法的效率得到了极大的提升，那么这个提升将会如何影响我们的生活？

假设这个算法被用于医疗领域，它能够帮助医生快速、准确地诊断疾病。这个算法通过分析大量的医疗数据，识别出各种疾病的早期症状，以及预测疾病的发展趋势，这将大大提高医疗诊断效率，减少误诊和漏诊，为人们的健康保驾护航。

假设这个算法被用于图书馆系统，它能让图书馆的管理和借阅流程变得更加高效和便捷。这个算法可以快速分析图书馆的藏书情况，为图书管理员提供精准的采购建议，确保每一本书都能被充分利用，避免资源的浪费。同时，当读者在图书馆中搜索想要借阅的图书时，这个算法能够迅速在庞大的图书库中定位到目标图书，无论是根据书名、作者还是关键词，都能实现毫秒级响应，让读者在第一时间找到他们需要的图书。

我的智能活动计划

什么是时间复杂度，什么是空间复杂度？同学们可以按照图2.2所示的智能活动计划来开展本节课的学习活动。

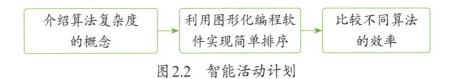

图2.2　智能活动计划

第2单元 学会合理规划——提高求解算法的效率

我的智能学习

　　判断算法复杂度的标准主要包括时间复杂度和空间复杂度两个维度。时间复杂度衡量算法执行所需的时间资源，而空间复杂度则评估算法执行所需的空间资源。虽然理想的算法应同时优化时间和空间，但找到这样的算法并不容易。因此，在选择算法时，还需平衡时间复杂度和空间复杂度之间的关系。

　　时间复杂度是指算法执行所需时间长短，衡量算法执行时间随输入数据规模大小的变化趋势。空间复杂度是指算法执行所需的最大存储空间，包括变量、数据结构等占用的内存。

我的智能探索

活动1

　　打印一个 10 页的文件，需要打 2 份。打印出来的页码排序是："1、1、2、2、3、3、4、4、5、5、6、6…10、10"。请你开始把它们分成两份文件，写出你用了几步，如表2.1所示。

表2.1　活动学习单

方法	所需步骤
左一张、右一张分成两摞	

活动2

　　任务1：在一个班级的学生名单中找到某个同学的名字。

　　算法A：从名单的第一个名字开始，逐个进行比对。

　　算法B：先将名单按照姓氏音序排序，然后从中间位置开始查

算法大挑战：进阶探秘

找，如果要找的名字的姓氏在中间位置以前，就在前半部分继续以此方式查找该同学的名字；如果在中间位置以后，就在后半部分以此方式继续查找该同学的名字，重复这个过程直到找到目标名字。

任务2：计算 $1+2+3+\cdots+20$ 的和。

算法A：依次将每个数相加。

算法B：使用（首项+末项）× 项数 ÷ 2 的公式计算。

算法C：先将1和20相加，得到21，再将2和19相加，得到21，依次类推，最后将所有的21相加。

我的智能成果

本节课我们学会了如何评估和优化算法的效率。这些算法在实际应用中表现出色，为智能生活带来了显著的便利。请同学们将自己的收获以文字或图片的形式记录在表2.2中。

表2.2　我的收获

研究问题	我的收获
分析不同算法的时间复杂度	
如何选择合适的算法	

请同学们将本节课的学习活动表现评价记录在表2.3中。

表2.3　我的学习活动表现评价

评价内容	自我评价	组长评价
掌握了如何评估和优化算法的效率	☆☆☆☆☆	☆☆☆☆☆
能够更加明智地选择合适的算法来解决实际问题	☆☆☆☆☆	☆☆☆☆☆
学会了如何针对具体问题设计不同的算法，并分析它们的优缺点	☆☆☆☆☆	☆☆☆☆☆
在本节课中表现积极，认真听讲并积极参与讨论	☆☆☆☆☆	☆☆☆☆☆

第2单元 学会合理规划——提高求解算法的效率

续表

评价内容	自我评价	组长评价
能够主动思考问题并尝试解决难题，同时也乐于与同学们分享学习成果和经验	☆☆☆☆☆	☆☆☆☆☆

我的智能视野

在算法世界中，奥秘与智慧并存。这些算法源于生活细节，是人类智慧的体现。有个叫汉诺塔的游戏，游戏的载体由3根柱子和套在首柱的一系列大小不同且按大小顺序排列的圆盘组成，如图2.3所示。游戏的过程是将圆盘从首柱移至另一根柱子，每次在3根柱子之间只能移动一个圆盘，且大圆盘不可以压在小圆盘之上。此游戏看似简单，实则蕴含着深刻算法思想。采用递归算法可轻松解决这个问题，这也证明算法能助我们解决复杂问题，让生活更便捷。

图2.3　汉诺塔

算法大挑战：进阶探秘

第2课　算法的优化——掌握基本优化技巧

我的智能生活

在医疗领域，传统的管理方式已难以应对日益增长的病患数量和多样化的医疗需求。然而，随着优化算法的引入和应用，医疗管理的效率和准确性得到了显著提升。优化算法能够根据病患的病情、治疗需求以及医疗资源的分布情况，智能分配医疗任务和资源，从而有效减少医疗过程中的等待时间和资源浪费。此外，优化算法还能对医疗数据进行深度挖掘和分析，为医生提供更精准的诊断建议和治疗方案，进一步提升医疗服务的质量和效率。

我的智能活动计划

如何进行算法的优化？同学们可以按照图2.4所示的智能活动计划来开展本节课的学习活动。

图2.4　智能活动计划

算法优化设计在提升效率和改善用户体验方面发挥着至关重要的作用。优秀的算法不仅能够保障计算结果的准确性，还能显著减少计算资源和时间的消耗，从而提升系统的响应速度和稳定性。这一点对于资源有限的智能设备尤为关键。如何在有限的资源条件下设计出高效的算法，已成为开发者面临的重要挑战。为了应对这一挑战，研究者们不断探索新的算法优化方法，力求以更少的资源消耗和更短的时间，实现更高的处理效率和更优质的用户体验。

我的智能学习

贪心算法是一种优化算法的技巧，用于寻找问题的近似最优解。其核心思想是在每一步选择中，都选取当前状态下的最优选择，期望达到全局最优。尽管贪心算法不能保证总是能得到最优解，但在实际应用中常能给出满意答案。

我的智能探索

在智能生活中，算法优化应用广泛。在智能语音助手中，算法优化可提升语音识别的准确性和速度；在智能推荐系统中，算法优化可实现精准个性化推荐。为此，我们需要不断学习新的算法优化技巧，以适应动态变化的需求。

假如学校组织爬山活动，需要购买一些高糖分的水果，要求水果总价不超过100元。现在有4种水果可选，如表2.4所示。如何在100元的预算之内，找到水果糖分最多的水果购买方案呢？

表2.4 水果价格及糖分表

水果	单价/（元/千克）	含糖量/（克/千克）
西瓜	11	60左右
桃子	15	80左右
荔枝	28	150左右
苹果	12	100左右

这是一个在预算限制下求水果糖分最多的购买方案的问题，可通过贪心算法的思路进行分析，同时也揭示了贪心算法的局限性。

算法大挑战：进阶探秘

贪心算法思路： 首先计算每种水果单位价格的含糖量。西瓜每元含糖量约为5.45克，桃子每元含糖量约为5.33克，荔枝每元含糖量约为5.36克，苹果每元含糖量约为8.33克。根据这些数据，苹果的单位价格含糖量最高。如果采用贪心算法，可能会优先大量购买苹果。

贪心算法的局限性： 然而，仅优先购买苹果可能会错过其他水果组合带来的更高总糖分。这是因为贪心算法只关注当前局部最优解（即单位价格含糖量最高的水果），而没有从整体上考虑所有水果的组合情况。因此，贪心算法不一定能找到预算内总糖分最高的全局最优解。

从这个例子可以看出，贪心算法的核心在于每一步决策时，都只考虑当前的最优选择，而不考虑整体的、长远的影响，所以可能会因为"目光短浅"而错过全局最优解。因此，在解决复杂选择问题时，我们通常需要采用更复杂的算法，如动态规划算法，来确保找到最优解。

我的智能成果

本节课我们学会了如何评估和优化算法，初步理解了贪心算法的思路和局限性，能够针对具体问题选择合适的算法并对算法进行优化，请同学们将自己的收获以文字或图片的形式记录在表2.5中。

表2.5 我的收获

研究问题	我的收获
如何使用贪心算法	

请同学们将本节课的学习活动表现评价记录在表2.6中。

表2.6 我的学习活动表现评价

评价内容	自我评价	组长评价
理解了算法优化的重要性和必要性	☆☆☆☆☆	☆☆☆☆☆
擅长运用贪心算法等优化技巧，提高了算法效率	☆☆☆☆☆	☆☆☆☆☆
积极参与课堂讨论，与同学分享学习心得	☆☆☆☆☆	☆☆☆☆☆
能够主动思考问题并尝试解决难题	☆☆☆☆☆	☆☆☆☆☆

我的智能视野

目前，许多前沿算法正推动着科技进步和智能生活发展。例如，深度学习是人工智能的核心技术之一，模拟人脑神经网络结构和功能，可以自动学习和提取数据特征，实现复杂任务预测和决策。

此外，强化学习也备受关注，它通过智能体在环境中尝试和学习优化行为策略来实现目标，有广泛的应用前景。这些算法的发展不仅推动了科技的进步，还带来了智能便捷的生活方式。未来，随着算法的不断发展和优化，生活将更美好且高效。

算法大挑战：进阶探秘

第3课　算法的动态规划——学习高级优化算法

我的智能生活

算法正慢慢渗透到社会生活的方方面面中，购物网站会根据用户喜好的分析结果为大家推荐我们可能喜欢的商品；网约车平台可以为我们安排好能及时赶来的车辆和规划最优出行路线……这些看似简单的事情背后，却蕴含着非常复杂的高级优化算法。

我的智能活动计划

动态规划算法通过利用子问题的解来求解原问题，避免重复计算，从而提高算法的效率。通过学习，我们可以更好地应对复杂的算法优化问题。同学们可以参考图2.5所示的智能活动计划来开展本节课的学习活动。

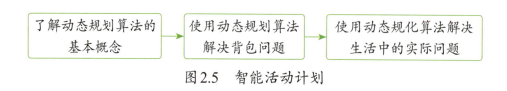

图2.5　智能活动计划

我的智能学习

动态规划算法的基本思想是将待求解的问题分解成若干个子问题，按顺序求解子问题，前一子问题的解为后一子问题的解提供有用的信息。在求解任一子问题时，列出各种可能的局部解，通过决策保留那些有可能达到最优解的局部解，然后丢弃其他的局部解，依次解决各子问题，最后一个子问题的解就是初始问题的最优解。

第2单元 学会合理规划——提高求解算法的效率

我的智能探索

假如你有一个背包，可以装重量为4千克的东西，下面有3件物品——耳机、平板电脑和笔记本电脑，怎样选择可以让背包所装的物品价值最高？3件物品的重量及价值如表2.7所示。

表2.7 3件物品的重量及价值

物品	耳机	平板电脑	笔记本电脑
重量/千克	1	3	4
价值/元	1500	2000	3000

最简单的方法是尝试找出各种可能价值最高的物品组合，在有3件物品的情况下，需要计算8种不同的物品组合的价值；有4件物品时，需要计算16种物品组合的价值；如果有32件物品，将大约有40亿种组合，这种算法的运行时间会超级长，那么如何才能快速找到最优解呢？

我们可以使用动态规划算法来解决背包问题。如表2.8所示，表格中的每一行代表一个待放入背包的物品，每一列代表背包的容量（即可以承受的物品重量）。通过将每个单元格填充为当前容量下的最大价值，当表格填满后，即可找到问题的最优解。以第一行为例，将重量为1千克的耳机放入背包时，第一个单元格的最大价值为1500元。由于第一行仅包含耳机，因此其他单元格的最大价值也均为1500元。

算法大挑战：进阶探秘

表2.8 背包问题

价值/元 \ 重量/千克 \ 物品	1	2	3	4
耳机	1500	1500	1500	1500
笔记本电脑				
平板电脑				

表2.9所示的表格中的第2行展示了背包在装入耳机或笔记本电脑时的不同情况。在前3个单元格中，由于笔记本电脑的重量为4千克，超过了背包的容量限制，因此只能装入耳机。此时，背包的最大价值仍为1500元。而在第4个单元格中，背包的容量足以装下笔记本电脑，因此最大价值提升至3000元。

表2.9 背包问题

价值/元 \ 重量/千克 \ 物品	1	2	3	4
耳机	1500	1500	1500	1500
笔记本电脑	1500	1500	1500	3000
平板电脑				

表2.10所示的表格的第3行展示了平板电脑也可以装入背包时的情况。由于平板电脑的重量为3千克，在前2个单元格中，背包容量不足以装入平板电脑，因此最大价值仍为1500元。而在第3个单元格中，背包容量达到3千克，可以装入平板电脑，此时最大价值提升至2000元。

第 2 单元　学会合理规划——提高求解算法的效率

表2.10　背包问题

价值/元 物品＼重量/千克	1	2	3	4
耳机	1500	1500	1500	1500
笔记本电脑	1500	1500	1500	3000
平板电脑	1500	1500	2000	

这时，我们需要重点思考第3行的最后一个单元格，对于重量为4千克的背包，当前最大价值为3000元，如果将笔记本电脑改为耳机和平板电脑，这样最大的价值就变为3500元。因此，在背包中装入耳机和平板电脑的价值最大，如表2.11所示。

表2.11　背包问题

价值/元 物品＼重量/千克	1	2	3	4
耳机	1500	1500	1500	1500
笔记本电脑	1500	1500	1500	3000
平板电脑	1500	1500	2000	3500

我的智能成果

利用动态规划算法，我们可以很轻松地找到背包问题的最佳答案。请同学们尝试解决以下问题，并将收获填写在表2.12中。

表2.12　我的收获

研究问题	我的收获
如果，现在再增加一个价值为2000元、重量为1千克的手机，那么背包装入的物品和最大价值是否会发生改变？	

算法大挑战：进阶探秘

请同学们将本节课的学习活动表现评价记录在表2.13中。

表2.13　我的学习活动表现评价

评价内容	自我评价	组长评价
了解动态规划算法的基本概念	☆☆☆☆☆	☆☆☆☆☆
使用动态规划算法解决背包问题	☆☆☆☆☆	☆☆☆☆☆
使用动态规划算法解决生活中的实际问题	☆☆☆☆☆	☆☆☆☆☆

我的智能视野

动态规划算法是在20世纪50年代初，由美国数学家贝尔曼等人首次提出的，它应用于数学、工程、计算科学和经济学等多个领域。在导航和自动驾驶等领域，动态规划算法还能确定最优的路线规划方案，以实现高效且安全的驾驶。随着人工智能技术的不断发展，相信动态规划算法将在更多领域中得到广泛的推广。

第 2 单元　学会合理规划——提高求解算法的效率

第 4 课　算法决定未来生活——实践应用与优化

我的智能生活

夜空中，上千架无人驾驶飞机（下文简称"无人机"）伴随着美妙的音乐腾空而起，构成一幅美妙的画面，无人机表演如图2.6所示。这么多架无人机共同飞行，是怎样做到井然有序的？

图 2.6　无人机表演

我的智能活动计划

路线规划算法主要通过搜索和优化算法为无人机规划出一条最优或最安全的路线。通过学习，同学们可以更好地应对复杂的算法优化问题，同学们可以参考图2.7所示的智能活动计划来开展本节课的学习活动。

图 2.7　智能活动计划

我的智能学习

无人机是利用无线电遥控设备和自备的程序控制装置操纵的不载

算法大挑战：进阶探秘

人飞机，或者由机载计算机完全地或间歇地自主操作。

无人机除了可以进行表演外，还可以帮助人们解决生活中的许多难题，如医院利用无人机执行急救送血任务，为患者赢取了宝贵的救治时间；在广阔的田野上，无人机还可以完成农药喷洒工作，改变了传统的农业作业方式，提高了生产效率，如图2.8所示。

图2.8　无人机农药喷洒

无人机路径规划是一个复杂而有趣的领域，涉及多个方面的技术和算法。不断优化路径规划算法和技术，可以提高无人机的飞行效率和安全性，为无人机的广泛应用提供有力支持。

我的智能探索

路线规划问题可以通过采用最短路径搜索算法来解决，最短路径搜索算法是一类成熟的算法，通过对最短路径的搜索，找到从起点到终点的最佳路线。广度优先搜索算法和A*算法都可用于最短路径搜索。

假设在图2.9所示的网格上进行对最短路径的搜索，只能选择向上下左右4个方向移动，并且不能穿越障碍物，在这种情况下，采用

第2单元　学会合理规划——提高求解算法的效率

哪种算法更高效？

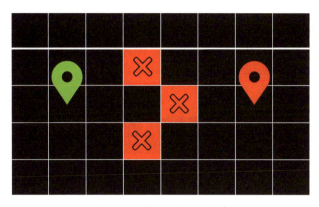

图2.9　最短路径搜索

广度优先搜索算法在开始时，会标记可以探索的边界方块，然后循环往复地朝着这些边界方块的4个方向继续探索，直到算法遍历到终点才会停止。广度优先搜索算法虽然可以找到最短路径，但是它需要花费大量时间，算法效率很低，如图2.10所示。

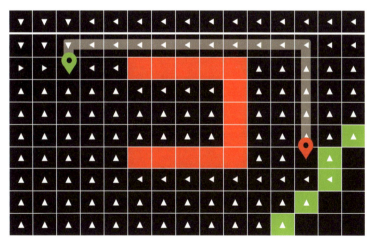

图2.10　广度优先搜索算法

A*算法在进行每一轮循环搜索时不会探索所有的边界方块，而是选择当前"总代价"最低的方块进行探索，如图2.11所示。

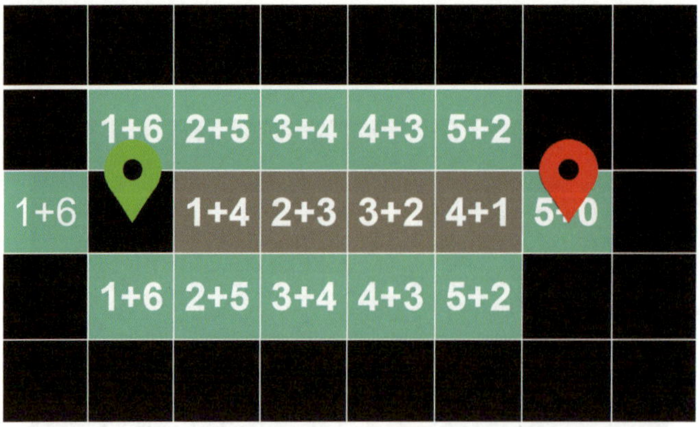

算法大挑战：进阶探秘

图 2.11 A*算法

"总代价"是"当前代价"和"预估代价"的总和，"当前代价"表示从起点出发到当前方块一共走了多少步。"预估代价"表示从当前方块到终点需要走多少步。在搜索过程中，"总代价"最低的路径即为最短路径，采用 A*算法的搜索效率大幅度提高。

我的智能成果

如果在校园中放置一架无人机，你想让它完成什么任务？它的飞行路线是怎样的？请同学们尝试解决以下问题，并将自己的收获填写在表 2.14 中。

表 2.14 我的收获

研究问题	我的收获
请你简单绘制校园地图，并在地图上确定无人机起点和终点位置，以网格的形式规划无人机飞行的最短路径	

请同学们将本节课的学习活动表现评价记录在表2.15中。

表2.15　我的学习活动表现评价

评价内容	自我评价	组长评价
了解广度优先搜索算法和A*算法的搜索过程	☆☆☆☆☆	☆☆☆☆☆
了解无人机在生活中的实际应用	☆☆☆☆☆	☆☆☆☆☆
为无人机规划最佳路径	☆☆☆☆☆	☆☆☆☆☆
关注算法的伦理和安全问题	☆☆☆☆☆	☆☆☆☆☆

我的智能视野

你认为这场事故所造成的人身伤害和财产损害应该由谁来负责？如图2.12所示。

图2.12　无人驾驶汽车事故

目前，在人工智能领域中仍然存在偏见歧视、违背伦理道德、侵犯隐私等问题，算法安全问题不仅需要关注对个人权利的尊重，更需要关注其对安定社会秩序的影响力，我们每一个人都有维护算法安全的责任。

单元总结

我做了什么

在解决某个复杂问题时，我可以通过算法优化对其性能进行优化，提高算法的效率。我知道时间复杂度和空间复杂度是衡量算法效率的两个重要指标，进而对其优化。我了解高级优化算法，并尝试使用所学的高级优化算法对问题进行解决。

我学会了什么

我了解了算法优化过程中可能涉及的伦理和社会责任问题，我应该思考如何在算法设计和优化中考虑这些问题，确保算法的发展能够造福于社会。

我的收获

我知道_____复杂度表示算法执行_____随输入数据规模大小变化的变化趋势，而_____复杂度则表示算法执行过程中所需的最大存储_____。

我能列举出几个经典算法，它们是_____，我最喜欢的算法是_____，它的基本思路是_____。

第3单元
垃圾分类小助手——执行问题求解算法

单元情景

在未来城市中，为了让人们更好地理解和参与垃圾分类，"地球村"推出了一项名为"智能垃圾分类我挑战"的活动。

很多同学都参与过垃圾分类，可有时还是不能将垃圾正确地投到相应的垃圾桶里，那么能不能让智能垃圾桶来帮忙解决这个问题呢？智能垃圾桶上的分类标志如图3.1所示，需要同学们用你们的智慧和编程技能，帮助智能垃圾桶识别垃圾，做好垃圾分类工作，来保护我们的生活环境。

图3.1 智能垃圾桶上的分类标志

算法大挑战：进阶探秘

单元主题

在解决垃圾分类的问题时，我们要按照预先设计的算法步骤或逻辑，逐步进行计算或操作，通过执行算法来实现垃圾分类的自动化和智能化。这里，我们将采用一种简化的方法来说明如何使用算法来辅助垃圾分类。

在学习之前，请你先和同学们交流一下，并思考：

1. 在现阶段，垃圾分为哪几类？
2. 如何描述并绘制垃圾分类算法的流程？
3. 如何借助图形化编程软件来解决垃圾分类问题？
4. 机器是如何分辨垃圾种类的？
5. 对于智能垃圾分类系统有哪些方面可以优化？

我的智能学习目标

1. 通过分析垃圾分类的基本方法，学会用自然语言描述解决问题的步骤，并通过绘制流程图，正确分析垃圾的种类，从而提升解决问题的能力。

2. 设计垃圾分类的逻辑规则，利用选择结构，辨别垃圾的种类，并且应用图形化编程软件制作垃圾分类的小游戏，优化垃圾分类算法中图形化设计的过程。

3. 利用人工智能模块，简单梳理图像识别的过程，独立创建几个物体的特征提取模型，并且探究影响垃圾种类识别的因素。

4. 通过模拟垃圾分类的过程，运用图像识别和特征提取模型，实现垃圾的智能分类，进一步应用人工智能帮助我们解决生活中的问题。

我的智能学习工具

硬件准备：连接互联网的计算机、摄像头。

软件及学具准备：图形化编程软件、流程图在线绘制工具、垃圾分类训练卡片。

算法大挑战：进阶探秘

第1课　垃圾分类知多少——描述步骤

我的智能生活

"地球村"里每天都会产生很多垃圾，城市管理员们非常希望有个图3.2所示的智能分类垃圾桶来帮助他们。他们想，如果垃圾桶能够"思考"，能够自动识别并分类垃圾，那将是多么有意思的事情啊！幸运的是，科技的发展给他们带来了希望，生活中我们要想解决这个问题，就要按照预先设计的算法步骤或逻辑，一步步去计算或操作，才能得出问题的解或达到我们预定的目标，那么我们就试试用这种办法来解决垃圾分类问题吧。

图3.2　智能分类垃圾桶

我的智能活动计划

想要用计算机来解决问题，就需要先了解问题与求解之间的关系，同学们可以参考图3.3所示的智能活动计划来开展本节课的学习。

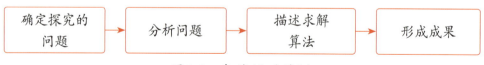

图3.3　智能活动计划

第3单元 垃圾分类小助手——执行问题求解算法

我的智能学习

一、分析垃圾分类问题

目前生活中，我们的垃圾一般可分为4类：厨余垃圾、可回收物、有害垃圾、其他垃圾。请同学们根据自己的生活经验，填写表3.1。

表3.1 垃圾分类我知道

物品	分类
易拉罐	可回收物
香蕉皮	厨余垃圾

如果想让智能分类垃圾桶实现智能垃圾分类，它要先辨认垃圾，然后判断垃圾种类，最后再把垃圾投放到相应的垃圾桶内，就是经历垃圾识别、判断、投放的复杂过程。

二、确定垃圾分类的判断结果

在用计算机执行算法时，选择结构可以根据特定条件的真假来执行不同的步骤，所以在处理垃圾分类时，选择结构可以用来判断垃圾的种类，并根据合理的判断结果，决定如何处理垃圾。请填写表3.2，确定垃圾分类问题的判断结果。

表3.2 确定垃圾分类问题的判断结果

我的分析	垃圾分类问题的判断结果
苹果核是可回收物吗？	是（　）否（　）
苹果核是有害垃圾吗？	是（　）否（　）
苹果核是厨余垃圾吗？	是（　）否（　）
苹果核是其他垃圾吗？	是（　）否（　）
最多要判断（　　）次	

算法大挑战：进阶探秘

我的智能探索

一、用自然语言描述探究的问题——智能垃圾分类

在确定好垃圾分类的判断结果后，请用自然语言描述解决问题的流程。

1. 输入物品名称——香蕉皮。

2. 判断香蕉皮是否属于_____，如果满足条件，输出结果，将垃圾投放至____垃圾桶内；如果不满足条件，继续判断，直到符合条件。

3. 这个过程最少判断_____次，最多判断_____次。

活动：请同学们仿照上面的例子，自选一种垃圾，描述其投放过程。

二、用流程图描述问题求解的方法

请补充图3.4中的关键信息或使用流程图在线绘制工具绘制求解垃圾分类问题的流程图。

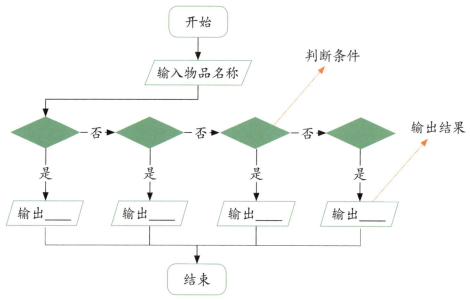

图3.4 求解垃圾分类问题的流程图

第3单元 垃圾分类小助手——执行问题求解算法

我的智能成果

在了解垃圾种类并描述求解垃圾分类问题的流程后，请你与同学一起讨论垃圾分类对环境保护的重要性，并请将自己的收获以文字或图片的形式记录在表3.3中。

表3.3 我的收获

研究问题	我的收获
求解垃圾分类问题的流程	
垃圾分类对环境保护的重要性	

请同学们将本节课的学习活动表现评价记录在表3.4中。

表3.4 我的学习活动表现评价

评价内容	自我评价	组长评价
能够识别不同垃圾的种类	☆☆☆☆☆	☆☆☆☆☆
能够确定垃圾分类问题的判断条件	☆☆☆☆☆	☆☆☆☆☆
用自然语言描述垃圾分类的过程	☆☆☆☆☆	☆☆☆☆☆
用流程图描述垃圾分类的过程	☆☆☆☆☆	☆☆☆☆☆

我的智能视野

利用本节课掌握的知识和方法，继续研究如何运用选择结构解决其他问题，如运用选择结构来模拟登录系统的权限验证，请填写表3.5，记录自己的研究过程。

算法大挑战：进阶探秘

表3.5　我的研究记录

我想研究	
我想这样做	
我的收获	

第2课　垃圾分类细分析——选择结构

我的智能生活

在"地球村"里，为了帮助居民们更好地进行垃圾分类，同学们决定用学到的图形化编程知识来帮助大家正确分类垃圾。我们一起看看同学们是怎样做的吧！

我的智能活动计划

想要用图形化编程软件来解决垃圾分类问题，我们可以设计或选择一个合适的算法，同学们可以参考图3.5所示的智能活动计划开展本节课的学习。

图3.5　智能活动计划

我的智能学习

一、利用选择结构，辨别垃圾的种类

在运用选择结构解决垃圾分类问题时，要将规则转化为算法，在图形化编程软件中可以使用选择结构来完成。在这里需要用到表3.6中的选择结构模块。

算法大挑战：进阶探秘

表3.6 选择结构模块

名称	模块	作用
单分支选择结构	如果 那么	条件成立时，执行嵌入的指令模块；条件不成立时，则不嵌入指令模块
双分支选择结构	如果 那么 否则	条件成立时，执行"那么"后面的指令模块；条件不成立时，则执行"否则"下面的指令模块

二、确定垃圾分类小活动的规则

在开始垃圾分类小活动之前，要明确该活动的基本规则，特别是在条件语句和判断语句之间如何实现垃圾分类。请填写表3.7，制作垃圾分类小活动规则。

表3.7 垃圾分类小活动规则

垃圾分类小活动规则	我的分析		
	需要的角色	角色的动作	用到的模块
角色询问要投放垃圾的名字			
在输入垃圾的名字后，智能分类垃圾桶会根据输入内容在垃圾列表中查找			
告知该垃圾应该投放在哪类垃圾桶中			

我的智能探索

一、设计程序解决垃圾分类问题

1. 根据规则，需要在图形化编程软件中以列表的形式，呈现不同的垃圾种类名称，如图3.6所示。

第3单元 垃圾分类小助手——执行问题求解算法

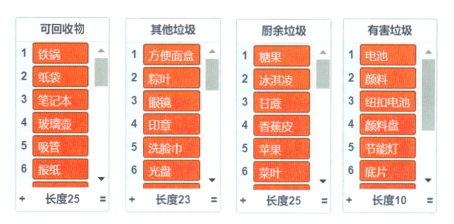

图3.6 列表呈现垃圾种类名称

2. 运用选择结构执行判断条件。

垃圾分类时，需要询问投入的垃圾并回答，可使用 回答 指令输入垃圾的名字，之后要根据输入的垃圾名称进行多次判断并在列表中查找，可添加 可回收垃圾 包含 ? 指令，最后说出该垃圾应该投放在哪类垃圾桶里。如图3.7所示。

图3.7 判断投放垃圾桶

3. 运用循环结构执行垃圾分类过程。

在执行垃圾分类的过程中，如果需要对多个垃圾进行分类，此时可以使用循环结构遍历所有条件，直到得到所有垃圾的分类结果，如图3.8所示。

二、执行程序并优化垃圾分类算法

执行程序，观察能否准确地识别和分类各种类型的垃圾。可以通过多次输入不同的垃圾

图3.8 运用循环结构

算法大挑战：进阶探秘

名称来测试程序的响应速度和准确度。在测试过程中，需要调整或修复、完善的地方是：_____。

我的智能成果

要用图形化编程软件来解决垃圾分类问题，可以设计或选择一个合适的算法，请同学们将自己的收获以文字或图片的形式记录在表3.8中。

表3.8　我的收获

研究问题	我的收获
用图形化编程软件来解决垃圾分类问题	

请同学们将本节课的学习活动表现评价记录在表3.9中。

表3.9　我的学习活动表现评价

评价内容	自我评价	组长评价
程序能正确进行垃圾分类	☆☆☆☆☆	☆☆☆☆☆
程序运行准确	☆☆☆☆☆	☆☆☆☆☆

我的智能视野

回顾本节课的学习过程，请同学们利用掌握的知识和方法，建立一个校园范围内的查询系统，帮助老师快速查询出某名学生所属班级。请填写表3.10，记录自己的研究过程。

表3.10 我的研究记录

我要研究	
我想这样做	
我的收获	

算法大挑战：进阶探秘

第3课　提取特征会辨别——图像识别

我的智能生活

在"地球村"里，环境保护爱心人士跟城市管理员一起，引入了一个智能垃圾分类机器，如图3.9所示。这个机器能够通过图像识别技术自动将垃圾分拣到不同的垃圾桶中，但是现在这个系统出现了一些问题，不能准确区分所有的垃圾了，让我们一起去帮帮他们吧！

图3.9　智能垃圾分类机器

我的智能活动计划

要想实现智能垃圾分类，可以设计或选择一个合适的算法，在垃圾分类的过程中，让机器学会识别垃圾、进行垃圾分类。同学们可以参考图3.10所示的智能活动计划来开展本节课的学习活动。

第3单元 垃圾分类小助手——执行问题求解算法

图3.10 智能活动计划

我的智能学习

一、利用人工智能模块，实现对物体的识别

要实现智能垃圾分类，首先需用摄像头拍摄垃圾分类训练卡片，获取垃圾图像数据，建立数据集，再基于图像识别技术来识别垃圾的种类，构成垃圾分类数据集，最终构建垃圾特征提取模型。

二、梳理使用人工智能模块进行垃圾识别的过程

在图形化编程软件中实现对垃圾的识别，需要借助人工智能模块、摄像头和垃圾分类训练卡片等设备和学具来建立垃圾特征提取模型，从而实现对垃圾种类的识别。请填写表3.11，分析建立垃圾分类模型的过程。

表3.11 建立垃圾分类模型的过程

分析过程	需要用到的模块
计算机连接摄像头对垃圾分类训练卡片的图像数据进行采集	例如：将视频"镜像开启"
提取卡片中垃圾的特征	例如：初始化"特征提取器"
建立不同种类垃圾的模型并保存	例如：垃圾特征提取模型

我的智能探索

一、建立垃圾分类模型

1. 确保摄像头的连接、开启

算法大挑战：进阶探秘

可以用计算机自带的摄像头，也可以为计算机外接摄像头，外接摄像头比较方便录入信息。如图3.11所示调试好摄像头。

图3.11 调试摄像头

之后把图3.12所示的两个插件加载到程序中。

图3.12 需要加载到程序中的两个插件

2. 提取垃圾特征

先初始化"特征提取器" ，然后拿一张卡片进行测试，不断变换卡片的位置和角度，添加垃圾多个特征 。

3. 创建垃圾特征提取模型

按照上面的方法，从垃圾分类训练卡片中挑选卡片进行录入，录入完成后，随意摆放卡片的位置和方向，多次进行识别，并给物品打上标签，如图3.13所示。

图3.13 给物品打上标签

第3单元 垃圾分类小助手——执行问题求解算法

测试后，使用 ⑤ KNN 分类 特征 ⑤ 特征提取 指令，验证模型是否创建正确，垃圾的种类识别是否有误。

二、探究影响垃圾识别的因素

在测试过程中，可能会出现识别不准确的问题。为了避免识别出现问题，要保证机器学习的样本数据足够多，录入的学习数据越多，识别的效果就会越好。除此以外，你觉得还可以调整或完善的地方是：_____。

我的智能成果

想要利用人工智能模块，帮助机器学习，实现对垃圾种类的识别，可以通过设计或建立垃圾特征提取模型来解决这个问题。请同学们将自己的收获以文字或图片的形式记录在表3.12中。

表3.12 我的收获

研究问题	我的收获
利用人工智能模块，实现对垃圾种类的识别	

请同学们将本节课的学习活动表现评价记录在表3.13中。

表3.13 我的学习活动表现评价

评价内容	自我评价	组长评价
正确开启摄像头，加载插件	☆☆☆☆☆	☆☆☆☆☆
能够提取垃圾种类特征	☆☆☆☆☆	☆☆☆☆☆
能够正确创建垃圾特征提取模型	☆☆☆☆☆	☆☆☆☆☆

算法大挑战：进阶探秘

我的智能视野

在生活中，图像识别应用还有很多，请同学们利用本节课掌握的知识和方法，继续研究车辆进出停车场识别车牌号的问题，请填写表3.14，记录自己的研究过程。

表3.14 我的研究过程

我的研究	
我想这样做	
我的收获	

第4课　实践操作——实现模拟分类

我的智能生活

生活在"地球村",智能垃圾分类不仅能帮助人们有效地回收资源,还能让城市变得更加干净和美丽。随着科技的发展,未来的垃圾分类可能会实现完全自动化,甚至不需要人类的参与,如图3.14所示。如果给你一个机会,让你设计一个智能垃圾分类系统,你会怎么做?你认为最大的挑战是什么?

图3.14　未来智能垃圾分类系统

我的智能活动计划

用图形化编程软件中的人工智能模块,实现了对垃圾种类的识别,如果把垃圾分类训练卡片换成实物,还需要让计算机调整算法、训练模型。同学们可以参考图3.15所示的智能活动计划来开展本节课的学习。

算法大挑战：进阶探秘

图 3.15　智能活动计划

我的智能学习

一、利用人工智能模块，实现对实物的识别

如前文所述，利用图形化编程软件，提取了垃圾种类特征，建立了垃圾特征提取模型，现在把图像卡片换成垃圾实物，也许会遇到更多的问题，所以还要对模型进行优化与调试，提高垃圾识别的准确率。

二、影响识别垃圾实物的因素

在识别垃圾实物时，识别出错的情况更多，影响垃圾识别准确率的因素及解决办法如表 3.15 所示。

表3.15　影响垃圾识别准确率的因素及解决办法

可能遇到的问题	解决办法
画面不清楚	调整摄像头的窗口参数，更改视频透明度
垃圾识别有误	调整垃圾实物的方向、角度

根据实际情况，看看在垃圾识别过程中你遇到的问题属于哪种情况？

第3单元 垃圾分类小助手——执行问题求解算法

我的智能探索

一、建立实物垃圾特征提取模型

请参照用图片识别垃圾种类的步骤,填写表3.16。

表3.16 建立垃圾特征提取模型的步骤

操作步骤	使用模块
确保摄像头的连接、开启	设置视频透明度为 50
提取垃圾种类特征	
创建垃圾特征提取模型	

二、创建"识别结果"变量

识别结果要随着垃圾实物的变换而改变,这时,需要新建一个"识别结果"变量,如图3.16所示,把识别结果存储到"识别结果"变量中。

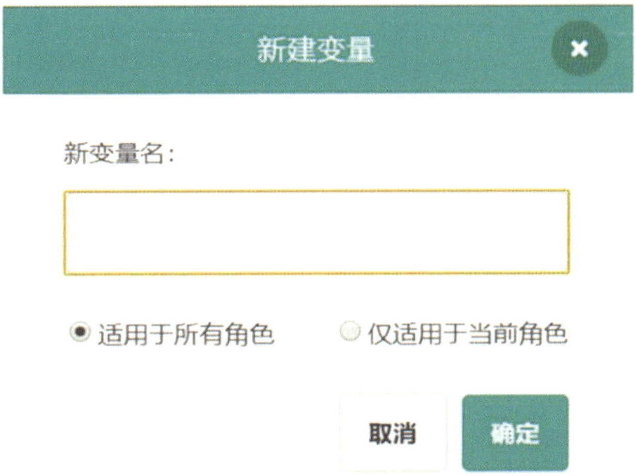

图3.16 新建变量

算法大挑战：进阶探秘

三、将识别结果与数据列表配对

在识别时，需要对垃圾实物进行多次判断比对，并与列表中的数据进行匹配 [可回收垃圾 ▼ 包含 识别结果 ?]，最后判断出应该投放到哪个垃圾桶中，如图3.17所示。

图3.17　投放到相应的垃圾桶中

四、保存与加载模型

为了避免重复建立模型，可以把机器学习的样本数据保存下来 ，在后面的工作中直接加载数据 ，方便使用。

五、模型优化与调试

建立好垃圾分类的模型后，要对程序进行调试，且要及时解决遇到的问题。在垃圾识别过程中你遇到了什么问题？问题可能出现在哪儿？你打算如何解决这些问题？

_____

我的智能成果

帮助机器学习，正确识别垃圾实物种类，可以通过建立垃圾特征提取模型来解决这个问题。请同学们将自己的收获以文字或图片的形式记录在表3.17中。

第3单元 垃圾分类小助手——执行问题求解算法

表3.17 我的收获

研究问题	我的收获
利用人工智能模块，识别垃圾实物种类	

请同学们将本节课的学习活动表现评价记录在表3.18中。

表3.18 我的学习活动表现评价

评价内容	自我评价	组长评价
正确提取垃圾种类特征	☆☆☆☆☆	☆☆☆☆☆
正确创建垃圾特征提取模型	☆☆☆☆☆	☆☆☆☆☆

我的智能视野

在生活中，对垃圾进行正确分类投放，可以方便后续的垃圾处理。目前处理垃圾可能会用到再生法、堆肥法、生物降解法等，你能利用学过的知识和方法，选择其中一种方法进行研究吗？请同学们填写表3.19，记录自己的研究过程。

表3.19 我的研究记录

我的选择	
我的了解	
我的方法	

单元总结

我做了什么

通过本单元的学习活动，同学们深入研究如何利用计算机解决垃圾分类问题，即尝试借助图形化编程软件的人工智能模块解决智能垃圾分类问题，经历了"确定任务需求→设计求解方案→提取特征创建模型→测试求解方案"的过程。

我学会了什么

同学们可以用思维导图的形式对本单元学习到的知识进行梳理，运用这种办法可以更好地帮助同学们找到解决问题的新方法。请同学们在下面的方框中绘制思维导图。

我的收获

本单元的学习即将结束，同学们在深入研究利用计算机解决垃圾分类问题的过程中，学会了使用选择条件来辨别垃圾种类，还使用了人工智能模块，建立了垃圾特征提取模型，并准备设计生活中的智能

第3单元 垃圾分类小助手——执行问题求解算法

垃圾分类系统,请同学们把学到的知识与实际生活联系在一起,初步体会算法对生活的指导意义。相信在未来的学习生活中,你们也会借助算法去帮助你们解决问题。你能想到应用算法还可以帮助你做些什么吗?请写出来:

_____

第4单元
个性化推荐——在线算法的是与非

单元情景

个性化推荐真的很有趣！当我们打开手机上的视频应用软件想要观看一些节目时，这些软件好像总能直接向我们精准推荐我们最喜欢的节目，就好像这些软件知道我们在想什么。可是，有时候它也会出错，会给我们推荐一些我们不怎么喜欢的节目。难道是因为我们上次不小心点错了，所以它记错了我们的喜好？不过没关系，我们可以重新告诉它我们想看什么，它就会马上改过来，给我们推荐更多我们喜欢的节目。所以，个性化推荐真的很方便，就像有个聪明的小伙伴在帮我们找我们喜欢的节目一样。

单元主题

如今，科技正以前所未有的速度发展，深刻改变着我们的生活方式。过去，我们习惯在学校或家里等线下场所学习和游戏，而现在，许多活动都转移到了线上。互联网为我们提供了丰富多样的资源和平台，就像一个个知识宝库，让我们的在线生活既便捷又充满乐趣。通过网络，我们的视野变得更加开阔，每天都有新知识和新事物等待我们去探索。

在现代信息社会中，算法扮演着至关重要的角色。我们要以理性的态度看待算法，既要认识到它的优势，也要了解它的局限性。当我们合理运用算法时，它能成为解决问题的得力助手，让我们的生活更

第4单元　个性化推荐——在线算法的是与非

加高效和轻松。

如今网上的个性化推荐，比如你喜欢的视频、游戏，之所以能精准地呈现在你眼前，背后的核心正是算法。它会根据你的兴趣和偏好，为你推荐最适合的内容。同学们，让我们分成小组，一起动脑筋，思考算法在我们生活中的作用，并探讨它还能如何帮助我们解决生活中的实际问题吧！

我的智能学习目标

1. 认识在线生活背后的常见算法。
2. 体验在线生活中的算法应用，提升解决实际问题的能力。
3. 深入理解在线算法的价值与局限性，提升算法应用能力。
4. 了解自主可控系统对解决安全问题的关键作用，树立尊重并保护算法知识产权的自觉意识。
5. 了解人机对话的原理，并用程序进行验证。利用判断语句和输入、输出来编写程序。

我的智能学习工具

硬件准备：连接互联网的计算机。

软件准备：各种在线生活App。

算法大挑战：进阶探秘

第1课 "透明"的生活——认识在线生活中的算法

我的智能生活

每当我们用智能手机或计算机时，都能感受到它们背后的强大算法在帮忙。比如，我们用语音助手查天气，如图4.1所示，语音助手总能听懂我们的话，告诉我们今天的温度、风力和是否需要带伞。还有，当我们在线观看视频时，算法会推荐我们喜欢的节目，像是有"魔法"一样知道我们在想什么。而且，我们的学习机也能通过后台算法帮我们复习，根据我们的学习记录，找出我们不会的知识点，让我们的学习更高效。算法就像是我们身边的小助手，让我们的生活更加轻松、有趣！

图4.1 用语音助手查天气

第4单元 个性化推荐——在线算法的是与非

我的智能活动计划

算法无处不在，它们默默地支撑着我们的在线生活。从搜索信息到在线购物，从社交媒体到智能推荐，算法都在为我们提供便利。算法像智慧的桥梁，连接着我们的需求和丰富的网络资源，让我们的生活更加便捷高效。同学们可以参考图4.2所示的智能活动计划来开展本节课的学习活动。

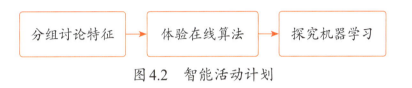

图4.2 智能活动计划

我的智能学习

一、推荐算法

当我们在网上购物、看视频的时候，是不是经常会看到"你可能也喜欢""推荐给你"字眼？这其实都是推荐算法在帮忙。常见的推荐算法有基于用户的推荐算法和基于产品的推荐算法，如图4.3所示。

基于用户的推荐算法，简单来说，就是找到和你有相同兴趣爱好的小伙伴，然后看他们喜欢什么，再推荐给你那些你还没尝试过的东西。

基于产品的推荐算法，就是找到和你喜欢的东西很相似的其他东西，然后把它们推荐给你。

算法大挑战：进阶探秘

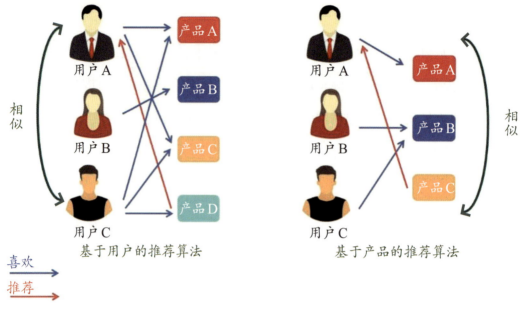

图 4.3　常见推荐算法

二、路径规划算法

路径规划算法，其实就像我们在迷宫中找路一样。想象一下，你进入了一个大迷宫，想从入口走到出口，但你不知道该怎么走。这时，路径规划算法就像是一个聪明的小向导，快速帮你找到一条走出迷宫的最佳路线，如图4.4所示。

路径规划算法会先查看整个迷宫的结构，找出所有可能的通道和路口。然后，它会根据一定的规则，确认哪条路更短、更安全等，以此来决定你应该走哪条路。

有时候，迷宫里可能会有障碍物或者死胡同，路径规划算法也能帮你避开它们，找到一条更顺畅的路。

最后，你按照算法给出的路线走，就能顺利地走出迷宫，到达出口。

第4单元 个性化推荐——在线算法的是与非

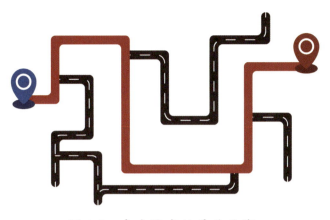

图 4.4 走出迷宫的最佳路线

三、机器学习

机器学习（见图 4.5）是一种很神奇的"魔法"，它能让计算机自己学习和进步。想象一下，如果你有一个聪明的机器人朋友，它能够通过观察和尝试，逐渐学会做各种事情，是不是很酷？而机器学习就像是这个机器人朋友的"大脑"，能帮助它不断学习和成长。

你教机器人朋友识别苹果。一开始，它可能什么都不懂，会把苹果和其他水果混淆。但是，如果你给它看很多苹果的图片，告诉它哪些是苹果，哪些不是，慢慢地，机器人朋友就会学会如何区分苹果和其他水果。这就是机器学习在起作用！

图 4.5 机器学习

算法大挑战：进阶探秘

我的智能探索

在购物网站上，我们通过搜索功能寻找自己心仪的商品，并逐一浏览商品详情。同时，我们会把特别喜欢但暂时不打算购买的物品加入收藏夹。之后，我们会留意系统根据我们的搜索和浏览记录自动推荐的内容，看看这些推荐是否与我的兴趣和喜好相符，以此判断这个购物网站的推荐算法是否精准。请同学们将这个过程和你的思考填写在表4.1中。

表4.1　试一试

我注意的商品	我寻找的商品：
	购物网站推荐的商品：
我的理解：	

请大家说说在在线生活场景中，哪些基于路径规划算法，哪些基于机器学习，并试着填写表4.2。

表4.2　在线生活场景及其算法

在线生活场景	算法
汽车导航	路径规划算法
	机器学习

续表

在线生活场景	算法

我的智能成果

请同学们将自己的收获以文字或图片的形式记录在表4.3中。

表4.3　我的收获

研究问题	我的收获
认识在线生活背后的常见算法	

请同学们将本节课的学习活动表现评价记录在表4.4中。

表4.4　我的学习活动表现评价

评价内容	自我评价	组长评价
认识在线生活背后的算法	☆☆☆☆☆	☆☆☆☆☆
使用在线生活背后的算法解决实际问题	☆☆☆☆☆	☆☆☆☆☆

我的智能视野

除上文中提及的，常见的在线生活背后的算法还有很多，它们都

算法大挑战：进阶探秘

在默默地为我们服务，为我们的生活提供便利，让我们的生活更加安全。以下是一些算法介绍：

1. 搜索引擎算法：当我们在搜索引擎中输入关键词时，搜索引擎会快速找到与这些关键词相关的网页，并按照一定的顺序将搜索结果展示给我们。这就是搜索引擎算法的工作，它确保我们能快速找到我们需要的信息。

2. 排序算法：在很多网站上，如新闻网站或者社交媒体网站，我们经常会看到按照某种顺序排列的内容。比如，最新的新闻会排在最前面，或者最热门的帖子会出现在最显眼的位置。这就是排序算法在帮助我们整理和组织信息。

3. 支付安全算法：当我们在网上支付时，为了保证交易的安全，支付平台会使用一种叫作支付安全算法的技术。这种算法可以确保我们的支付信息不会被坏人窃取或滥用。

第4单元　个性化推荐——在线算法的是与非

第2课　高效的生活——体验在线生活中的算法

我的智能生活

在线生活中，综合运用各种算法可以帮助我们高效解决实际问题。在我们规划出行路线时，有几个超级厉害的"魔法"小助手可以帮助我们！如图4.6所示。第一个小助手是"推荐魔法师"，哪里好玩、什么好吃、住哪里舒服，它都能根据我们的搜索内容、消费习惯等把我们想要的推荐给我们，因为它知道我们的喜好！还有"路径魔法师"，它会帮我们找到去目的地的最佳路线，不仅不会迷路，还能避开堵车！我们还有"预测魔法师"，它能预测我们去景点需要多长时间，还能告诉我们景点里会不会有很多人。这样，我们就可以提前做好出行准备了！

有了这3个"魔法"小助手，我们的旅行一定会更加有趣和顺利！今天我们就来体验一下。

图4.6　魔法小助手

我的智能活动计划

学会使用导航软件，了解影响路线规划的多种因素，试着去实际

算法大挑战：进阶探秘

使用几次导航软件。了解为什么导航软件会给出多条路线供我们选择，方便我们选择最适合自己的路线。同学们可以参考图4.7所示的智能活动计划来开展本节课的学习活动。

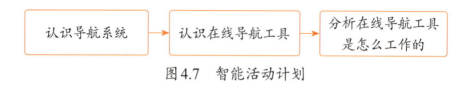

图4.7　智能活动计划

我的智能学习

一、认识导航系统

导航系统是一个可以帮助我们找到方向和位置的神奇工具。它就像是一个会说话的地图，可以告诉我们怎么走才能到达我们想去的地方。

导航系统有很多功能，如定位、选择目的地、计算路径和指导路径等。当我们使用导航系统时，它会先确定我们现在所在的位置，然后我们可以告诉它我们想去哪里。接着，导航系统就会开始计算最佳的路线，并告诉我们应该怎么走。

在导航系统的帮助下，我们可以更加轻松地到达目的地，不用担心迷路或者走错路。而且，有些导航系统还可以显示地图，让我们能更直观地了解周围的环境和道路情况。

综上所述，导航系统是一个非常有用的工具，可以帮助我们更加方便地出行。无论是去上学、去旅行还是去购物，有了导航系统，我们都可以更加放心地前往目的地啦！

北斗卫星导航系统是我们国家自行研制、建设的卫星导航系统。它就像指路明灯，可以帮助我们找到正确的方向。北斗卫星导航系统

第4单元　个性化推荐——在线算法的是与非

有很多功能，如定位、导航和授时。简而言之，定位就是告诉我们现在我们在哪里，导航是帮我们规划去某个地方的最佳路线，授时则是给我们提供准确的时间信息。

二、认识在线导航工具

在线导航工具，如图4.8所示，是为我们提供智能路线规划、实时选择路线等相关服务的系统，它的精确定位主要依靠强大的卫星导航系统，路线规划主要依靠精确的地图数据和智能算法。为了让大家更好地认识在线导航工具，请你尝试使用一种在线导航工具，并填写表4.5。

图4.8　在线导航工具

表4.5　体验使用在线导航工具

你怎么确定目的地的	
有哪几种方案供你选择	
你为什么选择这个方案	

算法大挑战：进阶探秘

三、分析在线导航工具是怎么工作的

在线导航工具中的地图数据通常分为静态数据和动态数据。请同学们想一想在线导航工具的地图是怎么绘制的？在线导航工具是如何规划路线的？请尝试填写表4.6。

表4.6 认识在线导航工具

在线导航工具的地图是怎么绘制的	
在线导航工具是如何规划路线的	
在线导航工具中的静态数据	
在线导航工具中的动态数据	

我的智能探索

一、做一个路线规划小游戏

我们来做一个路线规划小游戏，起止点分别为本班教室和学校正门口，让我们一起找出到达学校正门口的最快路线。

1. 请同学们自行分组，各小组勘察从本班教室到学校正门口的所有路线。
2. 实测每条路线用的时间。
3. 设定一些特定干扰事件，测试干扰时间。
4. 找出综合考虑所有事项后的最快路线。

请你尝试解决以上问题，并填写表4.7。

表4.7 找出最快路线

路线（没有干扰所用时间）	特定干扰事件（会耽误的时间）

续表

路线（没有干扰所用时间）	特定干扰事件（会耽误的时间）

二、构思想要解决的实际问题

根据前边的学习、分析和探索，我们对在线导航工具有了更多的了解，请同学们以小组为单位，以一名同学的家为出发地，以学校为目的地，看看在不同出发时间，导航软件是否会帮你规划出不同的路线，并填写表4.8。

表4.8 导航实际路线

出发时间	路线

请思考：导航软件规划了几条路线？每条路线你都走过吗？推荐的最快路线是你平时经常选择的那条路线吗？每条路线所用的时间和距离有什么差别？

我的智能成果

请同学们将自己的收获以文字或图片的形式记录在表4.9中。

算法大挑战：进阶探秘

表4.9 我的收获

研究问题	我的收获
认识在线导航工具	
体验使用在线导航工具解决实际问题	

请同学们将本节课的学习活动表现评价记录在表4.10中。

表4.10 我的学习活动表现评价

评价内容	自我评价	组长评价
在小组内发挥了积极作用	☆☆☆☆☆	☆☆☆☆☆
自主学习能力强	☆☆☆☆☆	☆☆☆☆☆
了解在线导航工具的使用步骤	☆☆☆☆☆	☆☆☆☆☆
对本小组需要解决的实际问题积极提出想法	☆☆☆☆☆	☆☆☆☆☆

我的智能视野

假期马上就要到了，同学们要去哪里旅游呢？这次我们自己来安排一次旅游路线吧。规划出行路线时，可以使用推荐算法获得景点、饮食、住宿等相关推荐，使用路径规划算法可以获得到达目的地的最佳路径，使用估算预测算法可以预测路程用时、景点客流量等。

第4单元　个性化推荐——在线算法的是与非

第3课　价值与局限——感受在线算法

我的智能生活

在线算法的价值在于它能快速处理实时数据，就像我们玩在线游戏时，它能帮助我们快速作出响应，提高游戏体验。而且，在线算法还能帮助我们节省时间，因为它不需要等待所有数据都收集完再处理。

但是，在线算法也有局限性。因为要在短时间内作出决策，所以它可能在处理数据时不够准确。同时，我们也要关注在线算法的安全问题。如果算法被坏人利用，它可能会作出错误的决策甚至会泄露我们的信息。所以，我们在使用在线算法时，要保护好自己的信息，同时也要选择安全可靠的算法。

我的智能活动计划

在信息社会里，算法就像一位聪明的助手，悄悄地改变着我们的生活。虽然大部分时间里算法都很可靠，但偶尔也会犯错。我们要学习理解算法，善用它的好处，也要注意它的不足。这样，我们才能在信息社会中更好地生活和学习。同学们可以参考图4.9所示的智能活动计划来开展本节课的学习活动。

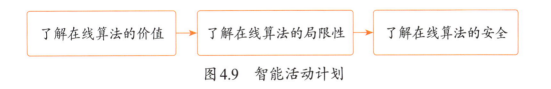

图4.9　智能活动计划

算法大挑战：进阶探秘

我的智能学习

一、在线算法的价值

在线算法的价值很大，就像我们平时用的钥匙一样，能帮助我们打开通往智慧生活的大门。在线算法能帮我们快速找到信息。想象一下，我们要在图书馆里找一本书，如果一本一本去找，多费劲啊！但有了在线算法，计算机就能帮我们迅速定位到书的位置。我们现在便利的网络生活也离不开在线算法，比如手机导航、无人驾驶，还有智能家居，如图4.10、图4.11和图4.12所示，都离不开在线算法的支持，它们让我们的生活变得更加轻松和舒适。

图4.10 在线叫车

图4.11 无人驾驶

图4.12 智能家居

算法是计算机科学的核心，就像图书中的故事或画作中的图案，都是创作者的心血结晶。因此，算法也拥有知识产权，受到法律的保护。这意味着，如果某人未经允许就使用了别人的算法，就可能侵犯了对方的知识产权。

尊重他人的知识产权是非常重要的。无论是写代码、画画还是写作文，都要记住：原创作品是值得珍惜和尊重的，我们不能随意抄袭别人的成果！

国家知识产权局2023年公布的修订后的《专利审查指南》中，针对包含算法特征的发明专利申请，特别制定了审查规则。

二、在线算法的局限性

在线算法很"聪明"，能帮助我们做很多事情，但它也有很多不足！目前在线算法处理的数据量有限，数据量太大，它就会忙不过来。而且，大部分在线算法自己不会创新，只能按照我们教它的方法去做。有时候，在线算法还会犯小错误。

最重要的是，在线算法还不能完全像人一样思考和感受。它只能完成我们设定好的事情，如果问题变了，它可能就不知道怎么办了。有时候，我们觉得在线算法给出的答案是对的，但其实它可能并不懂我们真正的意思。而且算法有时候真的很难被理解，我们应该更努力学习，和聪明的在线算法做好朋友！

我们现在好像都住进了一个叫"信息茧房"的房子里，如图4.13所示。在这个房子里，我们只能看到自己喜欢的东西，就像被一层一层的茧包裹住了一样。有时候，我们想看看外面的世界，但是茧房的门却被关得紧紧的。

这样可不好，如果我们只能看到自己喜欢的东西，就会错过很多其他有趣的事情。我想，我们应该打开那扇门，走出去看看外面的世界，听听不同的声音，这样我们才能更全面地了解这个世界，变得更加聪明，见识更加广阔。

图4.13　信息茧房

三、在线算法的安全

在线算法很重要，它能帮助我们快速解决问题，但也可能被恶意利用。因此，我们需要安全的在线算法来保护信息，就像信息加上密码一样。我们必须防止算法被破解或篡改，否则信息可能被盗，财产可能受损。学习编程和算法基础知识，可以为未来保护信息安全打下基础。让我们从小培养对算法和信息安全的兴趣，为构建更安全的数字世界贡献力量！

2021年底，国家互联网信息办公室等四部委联合发布《互联网信息服务算法推荐管理规定》，这是一个保护我们上网安全的重要规定。为了保护我们的安全和权益，这个规定要求那些提供信息推荐服务的平台，要使用安全的算法，不能随意向用户推荐不好的东西。这样，我们上网时就能更加放心，看到更多有趣、有用的信息了。这也提醒我们要学会保护自己，安全、健康地上网。

我的智能探索

我们在写作业时，算法可以帮助我们更快找出错误并改正。但是，算法也不是万能的，有时候可能会把作业改错或者改不全面。虽然算法很复杂，但即使我们只了解了它的一些基本知识，也能更好地利用它，帮助我们更好地学习和工作。对于你使用的某个在线算法工具，你有什么使用心得呢？请填写表4.11。

表4.11 在线算法工具使用心得

在线算法工具使用心得				
解决了什么问题	运用的在线算法工具	价值	局限性	安全隐患

我的智能成果

请同学们将自己的收获以文字或图片的形式记录在表4.12中。

表4.12 我的收获

研究问题	我的收获
在线算法的价值	
在线算法的局限性	
在线算法的安全	

请同学们将本节课的学习活动表现评价记录在表4.13中。

算法大挑战：进阶探秘

表4.13 我的学习活动表现评价

评价内容	自我评价	组长评价
自主学习能力强	☆☆☆☆☆	☆☆☆☆☆
了解在线算法价值	☆☆☆☆☆	☆☆☆☆☆
发现在线算法的局限性与安全问题	☆☆☆☆☆	☆☆☆☆☆

我的智能视野

综上所述，在线算法在解决问题时很有用！它能帮助我们快速发现并改正错误，使我们的工作更轻松。但是在线算法也不是万能的，有些复杂的问题它可能解决不了，这时候还需要我们动脑筋想办法。还有，在线算法的安全也很重要，我们要保护好它，不让坏人利用算法。

第4单元　个性化推荐——在线算法的是与非

第4课　人机的对话——实现在线生活中的算法

我的智能生活

　　科技变得越来越厉害，现在我们的学习和生活都已逐渐转移到线上。线上有很多东西可以帮助我们，智能语音助手（如图4.14、图4.15、图4.16所示）就是其中的一个，它能在各种机器上工作，可以帮我们做很多事情。

　　智能语音助手很"聪明"，它能听懂我们说话。比如，当我们问它"今天天气怎么样"，它就会告诉我们答案。或者让它帮我们设置一个闹钟，它也会帮我们做好。有了它，我们的生活变得更加方便了！

图4.14　手机语音助手

算法大挑战：进阶探秘

图4.15 智能音箱语音助手

图4.16 智能车载语音助手

我的智能活动计划

智能语音助手会"听"我们说的话，然后"想"一下，最后"回答"我们的问题或者根据我们的指令帮助我们做事情。那么它是如何帮助我们的？请同学们参考图4.17所示的智能活动计划开展本节课的学习活动。

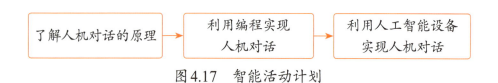
图4.17 智能活动计划

我的智能学习

一、人机对话的原理

人机对话真的好神奇！它就像我们和朋友聊天一样，但是这位朋友是一台机器。机器是如何"听"我们说话的？其实，机器里有很多厉害的技术，它们可以把我们说的话变成计算机能懂的语言。这样，机器就能知道我们想要什么了。人机对话原理如图4.18所示。

那机器又是怎么"说"话的呢？它会用自己的方式回答我们，有

第4单元 个性化推荐——在线算法的是与非

时候是"说话",有时候是显示文字或图片。这样,我们就能明白机器的意思了。我们还能和机器一起做好多事情,如查资料、定闹钟等。

现在,很多地方都用到了人机对话,如公安局启用的智能语音自助咨询系统。未来,人机对话肯定会变得更厉害,能帮我们做更多的事情!

图 4.18 人机对话原理

二、利用编程实现人机对话

综上所述,人机对话,让人与机器"对话"成真,这种新方式让机器能"听懂"我们说话,并回应我们的需求。这种通信方式让机器更懂我们,也使我们的生活更便捷!

例如,学校为了存放好同学们的电子设备,会将其放到智能机器人那里。今天,小辉戴了电子手表,并将电子手表存储在了智能机器人处。放学后,小辉需要回答对智能机器人提出的问题才能拿回自己的电子手表。请看小辉与智能机器人之间两次不同的对话,如图 4.19 所示。

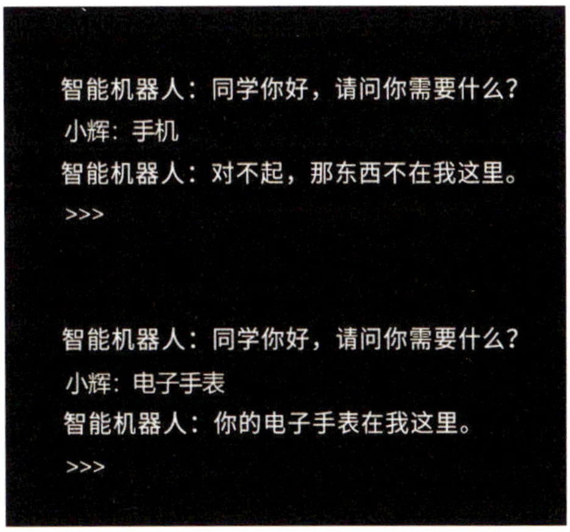

```
智能机器人:同学你好,请问你需要什么?
小辉:手机
智能机器人:对不起,那东西不在我这里。
>>>


智能机器人:同学你好,请问你需要什么?
小辉:电子手表
智能机器人:你的电子手表在我这里。
>>>
```

图 4.19 小辉与智能机器人的对话

分析两次人机对话结果,算法的流程图如图 4.20 所示:

算法大挑战：进阶探秘

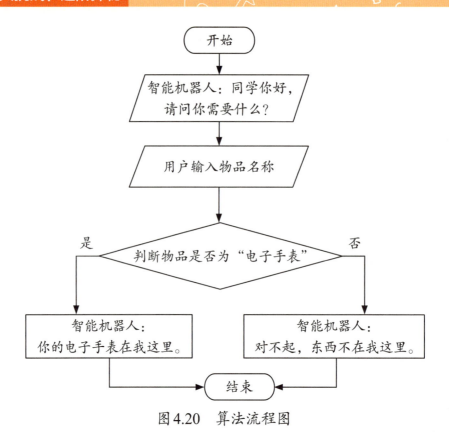

图4.20 算法流程图

根据上述算法的流程图，我们可以编写程序来进行验证。

智能机器人询问

print("智能机器人：同学你好，请问你需要什么？")

用户输入物品名称

item = input("电子手表").strip()

判断物品是否为"电子手表"

if item == "电子手表":

    print("智能机器人：你的电子手表在我这里。")

else:

    print("智能机器人：对不起，东西不在我这里。")

利用输入和输出功能，可以实现简单人机对话，通过判断语句实现跳转。

三、利用人工智能设备实现人机对话

随着科技的进步，基于人工智能的语音识别和自然语言处理技术越来越先进。现在，我们只需要轻松开口，智能设备就能迅速理解我们的意思并回应我们，就像在和真人对话一样自然。这不仅让我们之间的交流更高效，还增添了很多乐趣。比如，我们可以用语音控制智能家居，或是向智能助手提问，它们都能快速给出答案或作出响应。这种智能化的交流方式，不仅方便了我们的生活，也让我们的世界变得更加丰富多彩。相信未来，随着技术的不断优化，人工智能设备会变得更加聪明，与我们的交流也会更加顺畅和愉快！

我的智能探索

请同学们自由分组，以小组为单位使用智能音箱，请你记录下来你与智能音箱之间的对话，并填写表4.14（在提问前一定要叫智能音箱的名字"小爱同学"）。

你的提问1：_____

小爱同学的回答：_____

你的提问2：_____

小爱同学的回答：_____

你的提问3：_____

小爱同学的回答：_____

你的提问4：_____

小爱同学的回答：_____

你的提问5：_____

算法大挑战：进阶探秘

小爱同学的回答：＿＿＿＿＿＿＿＿＿＿＿＿＿＿＿＿＿

你的提问6：＿＿＿＿＿＿＿＿＿＿＿＿＿＿＿＿＿＿＿

小爱同学的回答：＿＿＿＿＿＿＿＿＿＿＿＿＿＿＿＿＿

表4.14 实验表格

序号	问题	你的猜想	实验的结果
1	把话筒捂住智能音箱还会回答吗		
2	用含糊不清的声音和智能音箱对话还能回答吗		
3	把智能音箱音量关闭还有没有在回答？你能不能听到？		

我的智能成果

请同学们将自己的收获以文字或图片的形式记录在表4.15中。

表4.15 我的收获

研究问题	我的收获
人机对话的原理	
利用编程实现人机对话	
利用人工智能设备实现人机对话	

请同学们将本节课的学习活动表现评价记录在表4.16中。

表4.16 我的学习活动表现评价

评价内容	自我评价	组长评价
在小组内发挥了积极作用	☆☆☆☆☆	☆☆☆☆☆
自主学习能力强	☆☆☆☆☆	☆☆☆☆☆
掌握人机对话的原理	☆☆☆☆☆	☆☆☆☆☆
利用编程实现人机对话	☆☆☆☆☆	☆☆☆☆☆
利用人工智能设备实现人机对话	☆☆☆☆☆	☆☆☆☆☆

第4单元　个性化推荐——在线算法的是与非

我的智能视野

　　人机对话智能设备的精髓在于其背后强大的算法支撑，尤其是在线算法的实时应用。无论是逻辑推理、解题、查询天气，还是创作音乐，算法都是不可或缺的基石，赋予设备精准捕捉并即时回应用户需求的能力。尽管智能设备的行为受限于算法框架，但随着在线算法的持续优化与革新，这些局限正被逐步突破，使设备变得更加智能，与我们的日常生活无缝衔接。展望未来，在线算法技术的不断进步将推动人机对话智能设备迈向新高度，为我们带来更丰富、更便捷的体验，开启智能生活的新篇章。

算法大挑战：进阶探秘

单元总结

我做了什么

我们认识了在线生活背后的算法，也体验了在线生活的算法。"在线算法的价值"板块以主要常见的生活场景为例，概述了算法在人们生活中的价值体现。正因为有价值，所以算法的知识产权是需要被尊重和保护的。"在线算法的局限与安全"板块则以信息茧房等问题为例，从各个角度分析算法在解决问题时可能存在的局限性和安全隐患。随着人工智能和自动化技术的发展，人机对话技术已经被广泛应用于我们的日常生活中，如智能语音助手、语音识别和聊天机器人等。人机对话是一种人类与机器之间的交流方式，通过使用机器语言、自然语言等，我们可以向机器提出问题、告诉机器我们的需求。

我学会了什么

认识在线生活背后的常见算法，体验使用在线生活中的算法解决实际问题。通过分析常见案例，理解算法的价值与局限性。了解自主可控的系统在解决安全问题时的重要性，自觉尊重并保护算法的知识产权。了解人机对话的原理，用编程来实现人机对话。

我的收获

知道用算法解决问题的一般步骤。能够利用算法思维解决生活问题。通过学习在线算法，知道利用算法解决问题的基本步骤，更重要的是培养了算法思维，这种思维方式让我们在面对生活中的实际问题时，能够更加有条理地进行分析和解决，从而在实践中深化了对知识的理解，同时也提升了解决问题的能力和自信心，并提高了网络安全意识。